中野晴啓

退職金バカ

50歳から資産を殖やす人、沈む人

JN230022

講談社+α新書

はじめに

43歳で直販の独立系投資信託会社をスタートさせ、暗中模索でひたすら走り続けて、気づいたら自分も53歳になりました。

投信会社の社長をしているというと、正直、お金のことばかり考えているのではないか、と誤解されがちです。50代に入った今、これまでの10年を振り返って、いろいろなことがよりクリアに見えるようになりました。自分がセゾン投信の事業において追求してきたのは、一人ひとりがその人生を「善く生きる」こと。でも、目先の生活に追われていたら、自身の人生や将来のことを考えることもできません。そのためには生活の基盤となる経済的な自立が必要で、それを可能にする「土台」づくりを、自分はお手伝いしてきたのだ――と、いまは思っています。

さて、50歳というのは非常に大きなターニングポイントです。周りを見ても、ますます意気盛んな人もいれば、なにか「定年」というゴールを待っているだけに見える人もいます。

私自身、50歳を超えてハッと気づいたのですが、同年代の友人と集まると、誰からともなく病気自慢が始まるんですね。仕事の話も、それまで前向きであったものが、急に後ろ向きの話に変わります。「おまえはいいよなあ、オレなんて……」と不幸自慢が始まります。

確かに、体力は落ちます。徹夜をすれば、3日くらい引きずるようになります。酒量も減ります。食欲も落ちます。生活習慣病にもかかりやすくなります。仕事もそうでしょう。50歳ともなると、定年まで残り10年程度。65歳定年制が定着したとしても、残り15年です。出世コースに乗っている人は別にして、給料の伸びは落ちます。役職定年を迎えたら増えなくなります。その時点で働くことのモチベーションは、大きく低下してしまっても不思議ではありません。

ここで、「人生消化試合」といった雰囲気を醸《かも》し出す人が出てきます。それも、少なくない数が。気持ちはわかります。

私は仕事上、全国津々浦々を回り、さまざまなバックグラウンドの方と会う機会が多いのですが、「定年がゴール」「退職金をもらうまで」と、〝その後〟の人生を思い描けていない人が多いことに驚かされます。

日本に長期投資の文化を根づかせたいという一念で、「そんなの無理だよ」と周りにバカにされながら突っ走ってきた私に言わせれば、これほど危険なことはありません。

人生においておそらく、最もまとまったお金を手にする退職金受給のタイミングは、資産を守り育てるという観点からは「最大のリスク」。このとき不要な散財をしたり、間違った選択をしたりすれば、老後破産への道を進んでしまいかねません。

思い込みで思考停止してしまうことを「バカの壁」と名づけたのは養老孟司《ようろうたけし》先生ですが、定年や退職金にもやはり、「バカの壁」というべきものがあります。なにか、そこで人生が一段落して、あとは「余生」となってしまうかのような思い込み——ある種の「思考停止」です。そのため、60代以降の生活やお金の問題について具体的に思い描けない人がたくさん出現することになっているのではないか、と私は睨《にら》んでいます。

けれどいまや、「人生90年時代」です。定年は終わりではなく、むしろ後半生のスタート。そのための準備を始めるのが50歳だと思ったほうがいいでしょう。それまでは働き、家庭を守ることで精一杯でした。50歳からが「自分はどう生きるか」「どうお金と付き合うか」を考える〝本番〟なのです。

そんなわけで、本書は『退職金バカ』という刺激的なタイトルになっていますが、同年代の諸兄に向けて、長期投資のプロであり、かつ、これから後半生の準備を始める同志の立場からのメッセージとして書きました。もうこれからの時代は、「退職金バカ」の壁など取っ払ってしまおう、人生を最後まで充実させ、豊かに暮らそう、そして、そのために大切な長期投資は、最期を迎える「そのとき」まで続くものですよ——というメッセージを込めました。

50歳になって、私は不思議なことに「人はいつか必ず死ぬ」ということを、それまでより自然に考え、受け入れるようになりました。周囲で不幸が増えるということもあるかもしれませんが、きっと、同年代のみなさんにも似たような感覚があるのではないでしょうか。

でも、思うのです。だからこそ、50代のいまから死に至るまでのプロセスが非常に大事ではないか、と。

若いころに不健康な生活をし続けたばかりに、50代で重篤《じゅうとく》な生活習慣病となり、亡くなるまで病に苦しむ人もいれば、逆にピンピン元気いっぱいで、ある日突然寿命が尽きたようにコロリと亡くなる人もいます。さて、あなたはどちらがよいと思いますか、という話です。前者がいいと思う人は、まずいないでしょう。多くの人が後者でありたいと思っているはずです。

では、どうするか。

私は医者ではないので、医学的に立証することはできませんが、自分の周りの諸先輩方を見ていると、節度ある食事、適度な運動、そして十分な睡眠を心がけている人は、70代、80代になっても健康を維持しているようです。

そして、それらは「無理のない範囲」で行うことが大事です。

たとえば運動。私も足腰を鍛えるため、ジムに行ってトレーニングをしていますが、2時間や3時間もトレーニングをすると、身体が悲鳴を上げだします。そうなると、「また行こう」という気持ちが萎《な》えてしまいます。

大事なことは、30分程度でもいいので、とにかく継続する習慣を身につけることです。回数も、「本当ならばジムには週に最低2回は行ったほうがいい」といわれますが、50歳からは1回だっていいのです。少なくとも週に1回行けば、筋力の衰《おとろ》えを防ぐことはできます。

実は、この「無理をしない」という姿勢の重要性は、資産運用にもそのまま当てはまります。

これまで投資経験がまったくないのに、50歳になっていきなり株式の個別銘柄に投資して資産を殖やそうなどと目論《もくろ》んでいる人は、ほぼ間違いなく失敗すると思います。実際に定年を迎えて、退職金を殖やそうと急に株式投資を始める人も同じです。

世の中には、株式投資で億単位の資産を築いている個人もいます。そういう人でも過去に一度や二度、財産の大半を失うような失敗を経験しているものです。年齢が若ければ、失敗しても再起する時間的な余裕があるでしょう。けれども、50歳を超えてリスクを背負って失敗したら目も当てられません。

50歳から投資を始める人は、絶対に無理をしてはいけません。投機（ギャンブル）をしてはいけない、ということです。無理せずにできる運用がなにかといえば、さまざまな資産に分散したポートフォリオ（金融商品の組み合わせ）を持った投資信託を、毎月コツコツと積み立てていくことです。

そして、大切な資産を守るためには、自分の「身の程」を知ること。時々、退職金をこれまで一所懸命働いてきたことの「ご褒美《ほうび》」のように思っている人がいますが、実際には、後払いされた給与を老後の生活資金として前倒しで受け取っているようなものです。

ですから、たとえば豪華客船の旅を計画している人は、今一度、自分の収入水準を見直してみてください。億を超えるような高収入なら、人生の区切りで豪華客船の旅もいいと思います。しかし、そうでない人は再考をおすすめします。自分の身の丈《み たけ》に合わない、無理な使い方をすると、後になって後悔することは必至です。

50歳になったら無理をしない。日々の生活においても、健康においても、資産運用においても。それを心掛けることによって、「よりよい生き方」がきっと実現できるでしょう。

資産を殖やすことは、よい人生を送るためです。これまで長期投資を啓蒙《けいもう》してきた私ですが、50歳を超えた今、長期投資から一歩踏み込んで、「その先にどうやってよい人生を送るか」について、同じ時代を生きてきたみなさんといっしょに考えてみたいと思います。

その一助として、本書を使っていただけたら、これに勝る喜びはありません。

２０１６年８月

53歳になった、中野晴啓《なかのはるひろ》

◉目次

第2章　これが新しい「50歳からの生き方」

第3章　50代の資産運用法

第４章　生活をリセットすれば、老後資金は捻出できる

第5章　老後の資産運用に適した投資信託の選び方

第1章　50代のリアル

気がつけば「あと10年」

１９６３年生まれの私は現在、53歳。セゾン投信を立ち上げたのが２００６年ですから、あのときは43歳だったわけです。それから10年……。

ふり返ってみると、あっという間の10年でした。

「はじめに」でも触れましたが、私が経営するセゾン投信という会社は「直販」といって、証券会社や銀行などの販売金融機関を通さずに、自社が運用する２本の投資信託をお客様に直接、販売するというスタイルです。それにより低コストでの長期運用を可能にする仕組みです。会社設立から10年が経過し、２本のファンドの合計純資産総額は１４００億円を超え、２０１５年あたりからは黒字化も実現し、おかげさまで順調に業績を伸ばすことができています。

10年で一区切りなどというつもりは毛頭なく、これからも運用している２本の投資信託をよりよいものにし、かつセゾン投信を立ち上げたときから標榜《ひょうぼう》している「長期投資」のよさを、日本全国に広めるべく、さまざまな活動に取り組んでいこうと考えています。

そのあたりの経緯は、前著『預金バカ』（講談社+α新書）でも詳しく紹介していますので、そちらもぜひご参照いただければと思います。

さて、今回の本は、今までの著作とはちょっと毛色が違います。

もちろん、最後はいつものように長期投資の大切さについて説明するわけですが、アプローチが違います。これまで書いてきた本は、投資信託の基本から、実践的な投資信託の選び方、あるいは長期投資の大切さを訥々《とつとつ》と説いたものなど、いろいろありますが、今回はちょっとだけ個人的なメッセージを込めています。それも、自分と同世代、50代の方に対するメッセージです。

どうですか？　同世代のみなさん、50代に入って、いろいろ思うこともあるのではないでしょうか。

私？　もちろんあります。というか、私の場合、創業後の日々の忙しさにかまけているうちに、53歳になってしまったので、今、ようやく自分がこれからどういう生き方をしていくべきなのか、考えているところといったほうがいいかもしれません。

みなさんはどうでしょうか。自分が60歳を超えて、定年退職を迎えたときのイメージ、浮かんでいますか。

なかには嘱託《しょくたく》などの形で会社に残る方もいるでしょう。そういう方のお話を聞く機会もあるのですが、たとえば60歳で定年を迎え、そのまま65歳まで同じ会社で働き続けるのは、なかなかたいへんそうです。

仕事がたいへんだというのではありません。「自分のプライド」との闘いが、です。なにしろ、昨日まで「部長！」などといわれていたのに、定年を迎えるのと同時に、それまでの部下から違う目で見られるようになってしまうのですから。これは、なかなかキツい。

なかには、すべての役職から解《と》かれる「役職定年」を設けている企業もあります。

私の知っている出版社では、55歳が役職定年です。この年齢に達した時点で、課長でも部長でも、それまでの役職を解かれ、平社員に戻されるのです。役職定年を逃れられるのは役員だけ。でも、役員なんて、同期のなかでほんの数パーセントしかなれないポジションです。大半の同期はみな、役職定年で平社員になってしまうのです。

銀行だと、片道切符の「出向」が待っています。役員、もしくは役員一歩手前の筆頭候補にでもなっていない限り、大半の人は50歳を迎えるころには出向の打診を受けます。行き先はたいてい、自分が勤めている銀行の取引先企業。そこの「常勤監査役」といったところが、最も多い納まりどころでしょうか。

出向後も、55歳までは銀行に籍を置いてもらえるので、給料などの待遇は銀行並み。しかし55歳以降になると、出向先の社員になるため、給料は出向先企業の規程に沿って決められます。銀行のなかでも、とくにメガバンクなどは高給なので、出向先企業の給与体系に切り替わった時点で給料が3分の2、あるいは半分近くまで急降下するケースもあるそうです。

ほかにも、おそらく50歳にもなれば、「自分がこの会社内で、どこまでポジションが上がるのか」についてもだいたい見えてくると思います。
それが50代という世代のリアルです。

自分探しを始める50代

もし、幸運なことに役員への道が開けているという方であれば、ここから先を読む必要はないでしょう。残りの人生、仕事に全力投球してください。会社員になって役員まで行ける人は、本当にごくわずかです。実力もあり、運にも恵まれた幸運な方なのだと思います。

これに対して大半の人は、60〜65歳で定年を迎えます。

そのときの役職が部長であれば、なかなか仕事を頑張った方だと思います。ただ、役員になるには運が足りなかったのかもしれません。課長だという方は、仕事一筋ではなく、趣味も、家庭も調和させながら、会社員人生を送ってきたのでしょう。

もちろん、なかにはいっさい役職に就《つ》くことなく会社員人生を終わろうとしている人もいます。私の同期入社のなかにも、そういう人は大勢います。

別に、役職に就けなかった人はダメだという話をしているのではありません。そもそも人によって仕事に対するスタンスは異なります。仕事に自分の人生のすべてを懸ける人もいれば、そうでない人もいます。就いた職種、業務内容によっても左右されます。

役員コースを狙えるところにいる人は別として、今のポジションから大きく上に行くことのない「それ以外」の人は、正直な気持ち、50歳を過ぎてから自分を捨てて会社にご奉公《ほうこう》する必要は、どこにもないと思います。

それは、「50歳を過ぎたらもうなにも頑張らず、世の中に流されて生きるのがよい」という考え方とは、また別です。要は、「頑張るところ」を変えましょうということです。やるべきことをやるのは当然として、もっと自分の将来を考えたほうが、これからの人生にとっては有益なのではないでしょうか。

2015年の簡易生命表によれば、日本人の平均寿命は女性が87・05歳、男性が80・79歳で、女性は3年連続で世界一、男性は同4位です。定年を迎えるのが60歳だとすると、男性はその後20年あまり、女性は27年あまりの時間を過ごさねばなりません。

実際にその年齢になってみないとわからないのですが、これは、けっして短い時間ではないと思うのです。

ですから、50歳の誕生日を迎えたら、自分は定年後になにをしたいのか、そのためにはどんな準備が必要で、今から着手しておく必要があることはなんなのかを、きちんと考えて整理しておく必要があります。

これは以前、あるファイナンシャル・プランナー（FP）の方から伺《うかが》った話です。

ご夫婦で定年後の資産運用の相談に見えたお客様に、一周24時間で区切られた円グラフを渡し、そこに一日の予定を書き込んでもらったそうです。女性（妻）は着々と記入し、一日の予定もびっしりでした。問題は男性（夫）のほう。朝起きて朝食、軽く散歩、昼食、夕食、くらいしか記入することがなく、グラフは空欄だらけだったそうです。

実際に定年を迎えたあと、こういう男性がどのような生活を送るのかというと、容易に想像できます。食って寝て、時々テレビを観る、という日々が繰り返されるだけ……。

これ、本当に問題だと思います。

まず、妻に過大なストレスがかかります。それまでほとんど家にいなかったような亭主が、定年を迎えた日からずーっと家にいる。

最初のうちは、会社員の垢《あか》を落とすという意味で、しばらく好き勝手にしてもらってもよいと寛大に思ってくれるかもしれません。しかし、三度の食事と昼寝、そしてテレビだけの生活を延々と繰り返していたら、妻にとってはストレス以外のなにものでもないでしょう。しかも、そういう亭主ほど、妻が亭主を置いて外出すると露骨に嫌な顔をするものです。

へたをすれば、定年になって2〜3年もしたら熟年離婚が待っていないとも限りません。

だいたい、このような生活は、本人にもよくありません。テレビを観て家に引き籠《こ》もる毎日を続けたら、確実にボケます。運動不足にもなるでしょう。健康を害するもとになりますから、なんとしてでも「三食昼寝&テレビつき」という生活をしないように努力する必要があります。

とはいえ、定年になってから急になにかを始めようとしたところで、できないのが現実です。だから50歳になって、自分自身が「これ以上、会社で出世する見込みがないな」と思ったのなら、仕事は仕事としてこなしつつ、自分が定年以降にどういう生き方をしていくのかを、しっかり考え始めるべきでしょう。50歳から定年までのおよそ10〜15年間は、その意味で、「改めて自分探しをする年代」なのかもしれません。

50代はいくら持っているのか？

「人生、金がすべてじゃないよ」などと言っていられるのは、若いうちの話です。50代にもなると、お金の問題が重くのしかかってきます。

あまり世知辛《せちがら》いことをいうつもりはありませんが、これからの時代、自分よりも若い世代の人口はどんどん少なくなります。つまり、今の70代、80代以上の人たちが受けているのと同等の社会保障は、もはや受けられないと考えたほうがよい状況です。

年金ひとつとっても、なくなることはないにしても、今後減額される可能性は否定できません。満足のいく老後の生活を送るのに必要なお金が、足りなくなる恐れがあります。

50代を迎えたみなさんは今、どのくらいの金融資産（預貯金、生命保険、有価証券など）を持

世代別所有金融資産額

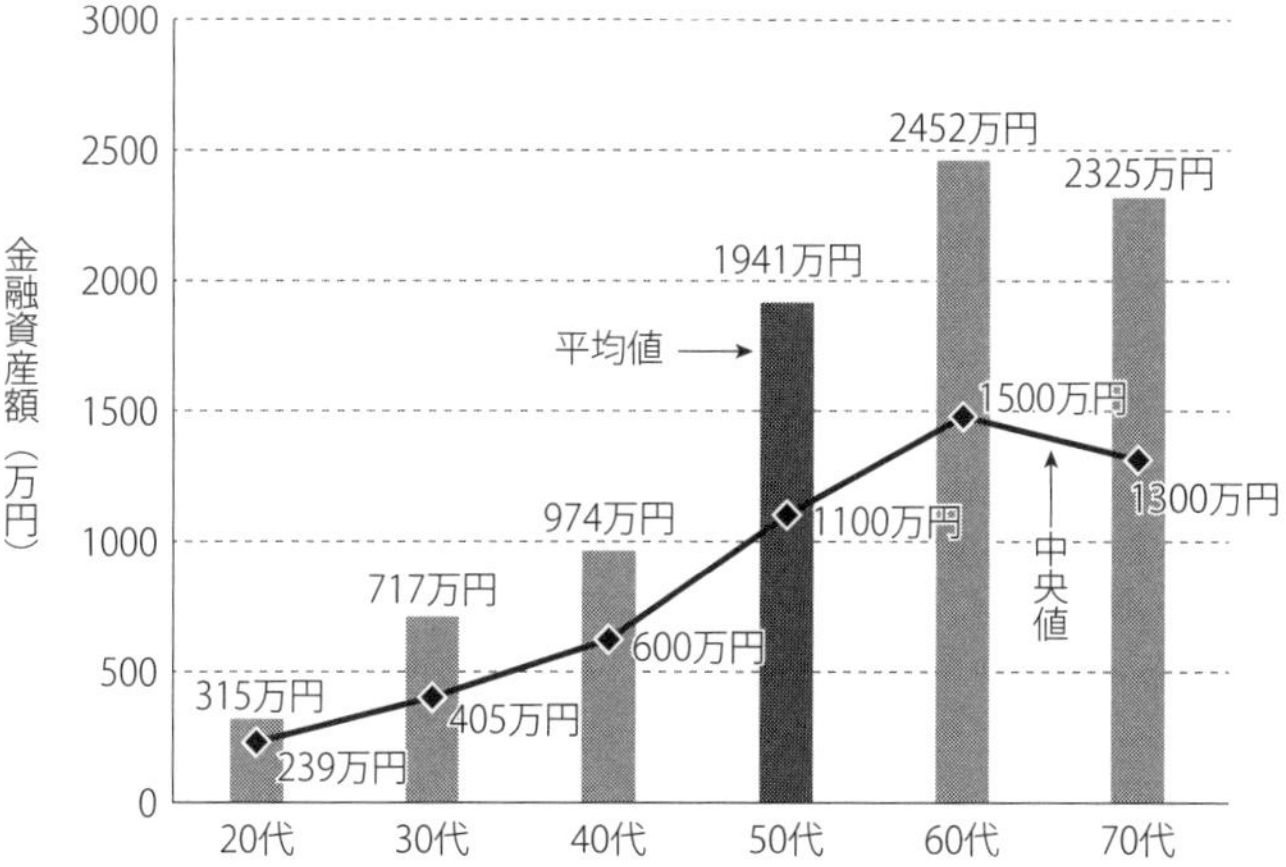

金融広報中央委員会調査（平成27年）をもとに作成

っていますか。

５０００万円？　それとも３０００万円？

「そんな大金、どこにあるというの？　うちはせいぜい１０００万円くらいだよ」

金融広報中央委員会の調査（平成27年）によると、50代の金融資産平均額は１９４１万円。ただ平均値は、莫大な資産を保有する人が全体を吊《つ》り上げてしまいがちです。したがって、全体のちょうど真ん中に位置する「中央値」という数字で把握するのが、大多数の人にとって実感のある数字になると思います。それで見ると、50代の金融資産額の中央値は、１１００万円。

それでは、１１００万円で老後の生活は満足いくものになるでしょうか。

仮に年金として受け取れるお金が、夫婦２

人で毎月20万円だとしましょう。はたして、この金額で十分足りるでしょうか。「毎月30万円は欲しい」というのであれば、毎月10万円ずつ取り崩し、生活費に回していかなければなりません。中にはただちに現金化できない金融資産もありますが、とりあえずは最大で考えて、１１００万円から10万円ずつ取り崩していった場合、どれだけ持つでしょうか（金利等は無視するものとします）。

１１００万円÷10万円＝１１０ヵ月
１１０ヵ月÷12ヵ月＝９・１６年＝約９年と２ヵ月

簡単な割り算をすればわかると思いますが、60歳で１１００万円の資産を保有し、それを毎月10万円ずつ取り崩していったとしたら、70歳の手前で貯蓄が底を突きます。今は男性でも80歳、女性に至っては87歳まで長生きする時代ですから、１１００万円あってもとても足りないことになります。つまり、「もっと多くのお金が必要だ」ということです。

そうなると、現役のうち、遅くとも50代には一所懸命にお金を貯め始めなければなりません。ところが50代というのは、いろいろな面でお金が入《い》り用になる年代でもあります。結婚して子どもがいれば、大学までの教育費がかかるでしょう。住宅ローンの未払い分も残っているかもしれません。場合によっては、両親の介護費用を捻出《ねんしゅつ》する必要にも迫《せま》られます。そう考えると、50歳になった時点で仮に1100万円の金融資産があったとしても、これらの費用負担によって、あっという間に600万円、500万円と目減りしてしまいかねません。

ちなみに、フィデリティ退職・投資教育研究所が3万人の勤労者を対象に退職後の生活準備額（貯蓄と考えていいでしょう）について調査したところ、50代で「ゼロ」という男性が、なんと3割超もいたそうです。50代にもなって退職後の準備資金がゼロでは、もはや老後の生活設計は立ち行きません。

したがって、今からなんとしてでも、定年までに一定の老後資金をつくる努力をしなければなりません。50代は、老後の資産形成をする「ラスト10〜15年」だと心得るべきでしょう。

退職金は当てにならない

「退職金があるから、なんとかなるんじゃない？」と思った人もいるかもしれません。定年になったときに支給される退職金。いったい、いくらもらえるのか考えてみたことはあるでしょうか。

メディアなどでは、よく「2000万円」などという数字が出てきます。「まあ、そのくらいだろうな」と思う方もいるでしょうし、「え〜、そんなにもらえるはずないでしょう」と感じる

標準者退職金の支給額および支給月数　―総額―

管理・事務・技術労働者（総合職）									
大学卒					高校卒				
勤続年数	年齢	扶養家族	会社都合 退職金額	会社都合 支給月数	勤続年数	年齢	扶養家族	会社都合 退職金額	会社都合 支給月数
年	歳	人	千円	月分	年	歳	人	千円	月分
1	23	0	239	1.1	1	19	0	195	1.1
3	25	0	683	2.8	3	21	0	491	2.7
5	27	1	1,223	4.4	5	23	0	817	4.1
10	32	3	2,975	8.8	10	28	1	2,041	8.1
15	37	3	5,470	13.2	15	33	3	3,747	12.2
20	42	3	8,776	17.6	20	38	3	5,945	16.9
25	47	3	13,164	23.7	25	43	3	9,215	22.8
30	52	1	18,042	29.9	30	48	2	13,488	30.7
33	55	1	20,964	33.7	35	53	1	17,618	36.1
35	57	1	21,708	35.6	37	55	1	18,518	38.7
38	**60**	1	**23,577**	39.5	39	57	1	20,364	41.4
					42	**60**	1	**21,549**	43.3

注：(1) 支給月数は、所定労働時間内賃金（2014年9月度標準者賃金）に対する倍率
(2) 退職金額は、退職一時金のみ、退職一時金と退職金年金併用、退職年金のみの場合の額を合算し単純平均したもの
(3) それぞれ年齢ポイントごとの回答全てを集計し加重平均したもの

「2014年9月度 退職金・年金に関する実態調査結果」
日本経済団体連合会・東京経営者協会より

方もいると思います。大企業では数千万円におよぶところもあれば、中小企業では退職金の制度自体ない、つまり「退職金ゼロ」の会社も現実に存在します。退職金格差は、実際にはそうとう大きいと思います。

日本経済団体連合会（経団連）・東京経営者協会が２０１５年４月に公表した「２０１４年９月度退職金・年金に関する実態調査結果」を見てみましょう。

この調査結果を詳しく見ると、「管理・事務・技術労働

者（総合職）」の60歳で、大学卒業者が２３５７万７０００円、高校卒業者が２１５４万９０００円の退職金が支給されていることになります。

ただ、これは経団連の調査ですから、対象は経団連所属企業、つまり大企業が中心です。経団連が発表している平均値で「退職金は２０００万円」と考えるのは、ちょっと甘いと思います。退職金がいくらなのかを現実に即して把握するには、やはり、中小企業の退職金の平均額も併せて見ておく必要があります。なぜなら、日本では実際には、会社勤めの方の多くが中小企業で働いているからです。中小企業の退職金の実態を見ずに、全体像を把握することはできません。

実際、大企業と中小企業の比率は、どの程度なのでしょうか。

「中小企業白書（２０１４年版）」によると、企業規模に応じた社数は次のようになります。

大企業　　　　約１・１万（０・３％）
中規模企業　　約51万（13・２％）
小規模事業者　約３３４・３万（86・５％）

大企業の会社数はたったの０・３％に過ぎず、中小企業が99・７％を占めています。

それでは、中小企業に勤務している方が定年まで勤め上げた場合、退職金はいくらになるのでしょうか。東京都が従業員10人〜300人未満の都内中小企業だけを対象にした賃金に関する実態調査を見ると、定年まで勤めた場合のモデル退職金の額は、次の通りです。

大学卒　1383万9000円
高専・短大卒　1234万5000円
高校卒　1219万1000円

もう一度、経団連企業の退職金と比較してみてください。いかに退職金の格差が大きいかが、おわかりいただけると思います。

それどころか、前述の通り、退職金そのものが「ない」ケースも意外に多いのです。厚生労働省の調査では、従業員1000人以上の大企業の93・6%に退職金制度があります。ところが従業員100人未満の会社で見ると、「退職金制度あり」の会社は72・0%まで低下します。誤解している人もいるかもしれませんが、従業員への退職金支給は法律で義務づけられているわけではなく、退職金制度がなくても違法ではないのです。その分、給与を多く支給していたり、福利厚生に力を入れていたりするケースもあるようです。

それらを考えると、退職金が2000万円以上も支給されるのは、会社員のうち本当にごくご

定年時の退職金の格差

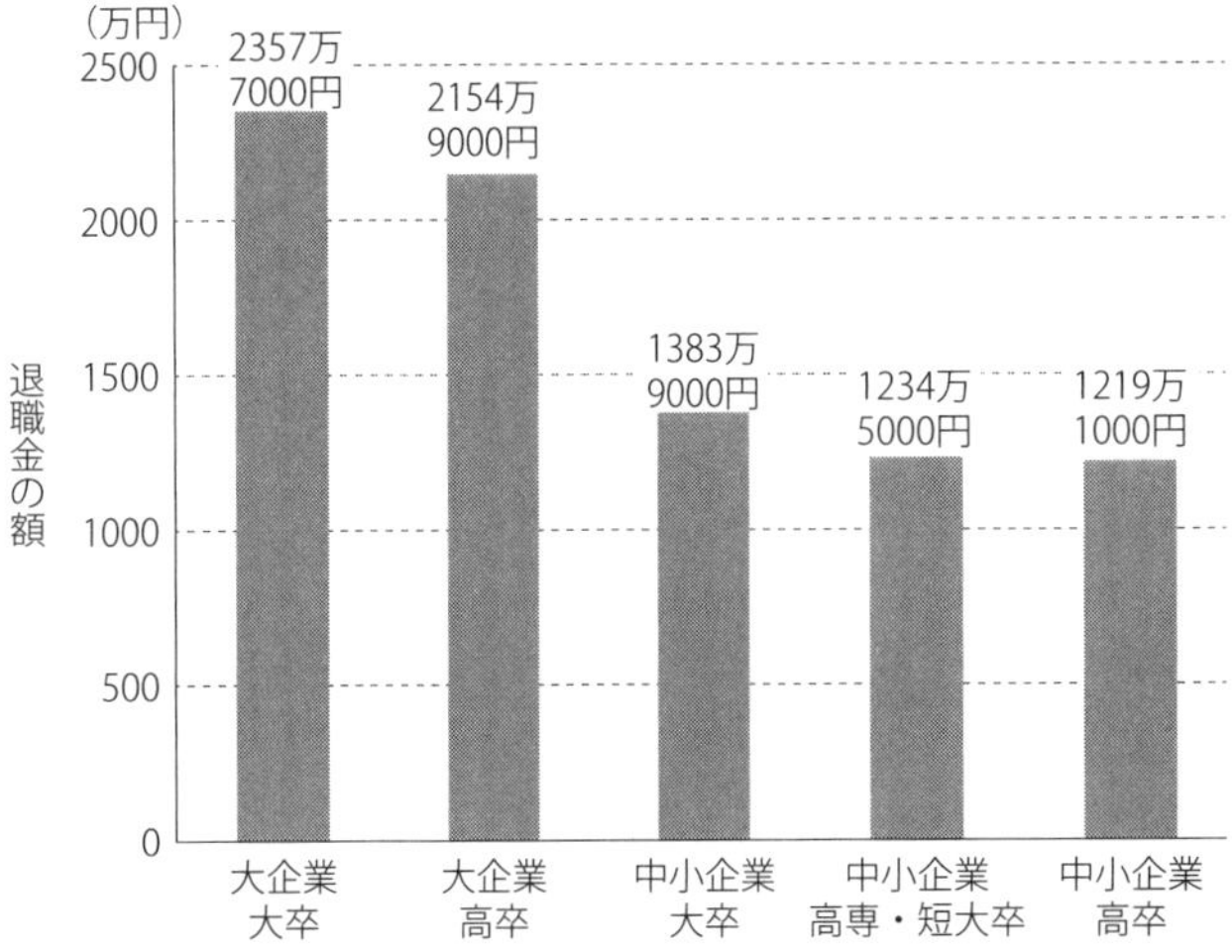

各種調査データをもとに著者作成

く一部の〝恵まれた〟人たちに過ぎないといえるのです。

いかがでしょうか。退職金格差というものは、想像以上に大きいことがわかると思います。つまり、マスコミで「退職金は2000万円」といわれているからといって、それを前提に老後の資金計画を組むと、計画が狂ってしまうことにもなりかねません。

したがって、自他ともに認める大企業に勤務している人を除き、「退職金は1000万円」という前提で資金計画を組むのが無難です。もっと厳しいことをいうと、中小企業は大企業に比べて財務体質が弱いので、自分が定年を迎える前に倒産するリスクも、ある程度は想定しておく必要があります。不幸にして、定年前に勤務先が倒産してしまったら、退職金どころか、老後の資金計画そのものが根底から狂ってしまいます。

いまや、倒産リスクは中小企業だけではありません。

たとえば日本航空に勤めていた人たちは、「大企業に勤めているのだから、まさか倒産などするはずがない」と思っていたはずです。でも、現実には２０１０年に経営破綻してしまい、退職金は大幅に減額されました。現役世代だけでなく、多額の企業年金を受け取っていたＯＢも、年金額の大幅減額に応じざるをえなくなったことはまだ記憶に新しいところです。

バブル崩壊後に廃業した山一證券や、最近の例では倒産の瀬戸際まで追い込まれたシャープなどを見るまでもなく、大企業も経営危機に瀕したら、その時点で退職金は大幅に減額される恐れがあります。もちろん、退職金以前にリストラ等でその会社で定年を迎えることすらないかもしれません。

現実はなかなか厳しいものがありますが、だからこそ50歳になったら、真剣に老後の資金計画を考える必要があります。「資産どころか預貯金すらほとんどない」という人は、無理をしてでもつくらなければなりません。

退職金は大事な老後の生活資金です。なかには、「退職金を受け取ったら豪華客船で世界一周」とか「新しい車に買い替えよう」などと、夢のような話をする方がいます。でも、よく考えてみてください。豪華客船で世界一周って、いったいどのくらいのお金がかかるのでしょうか。

たとえばクイーン・エリザベスに乗って世界一周の船旅をしたとしましょう。121泊122日という豪華フルクルーズの料金は、最も値段の安いスタンダードのお部屋で、一人240万1000円〜。夫婦で480万2000円〜です。新しい車に買い替えるにしても、外車のスポーツカーなどという高望みをしたら、500万円、いや、700万円くらいのお金は簡単に飛んでいってしまいます。退職金が1000万円だとしたら、その半分が刹那《せつな》的な贅沢《ぜいたく》のために、あっという間になくなってしまうのです。

退職金には絶対に手をつけるべきでないことは明らかでしょう。

公的年金も当てにならない

「退職金がなくても、公的年金があるから、それで細々とでもなんとか食いつないでいけるのではないか」

このように考えている人もいると思います。

でも、この考え方も甘いでしょう。公的年金もこれから先、どうなるかはわかりません。これから現実的に考えられるのは、年金給付開始年齢の引き上げと、年金給付額の減額です。

たとえば、昭和28（1953）年4月1日以前生まれの男性、昭和33（1958）年4月1日以前生まれの女性の場合は、公的年金はなにがしかの形で60歳から給付されました。しかし、そこから段階的に給付開始年齢が引き上げられていき、昭和36（１９６１）年４月２日以降生まれの男性、昭和41（１９６６）年４月２日以降生まれの女性は、65歳からの給付になります。２０１６年の今年、50歳を迎えた人は昭和41年生まれですから、男女ともに、公的年金の給付開始年齢は65歳からになりました。これが今後、67歳、70歳へと引き上げられていく確率は、けっして低くはありません。

これに加えて、年金給付額が減額されることも想定しておいたほうがいいでしょう。といっても、これはあからさまに給付額そのものが減額されるより、おそらくは給付額と保険料負担額との比率の問題になると思います。

これはよく、「年金の世代間格差」の問題で取り上げられる数字なのですが、加入者が平均余命まで生きる前提で行われた試算によると、２０１５年時点で70歳（１９４５年生まれ）の人の厚生年金は、保険料負担額１０００万円に対して年金給付額が５２００万円で、５・２倍の年金が給付されていることになります。

これに対し、50歳（１９６５年生まれ）の人の厚生年金は、保険料負担額１９００万円に対して年金給付額が５３００万円です。倍率にして２・８倍ですから、２０１５年時点で70歳になっている方に比べて、負担が非常に重くなっています。これで止まればいいのですが、年金財政が

高齢者世帯の年間所得の分布

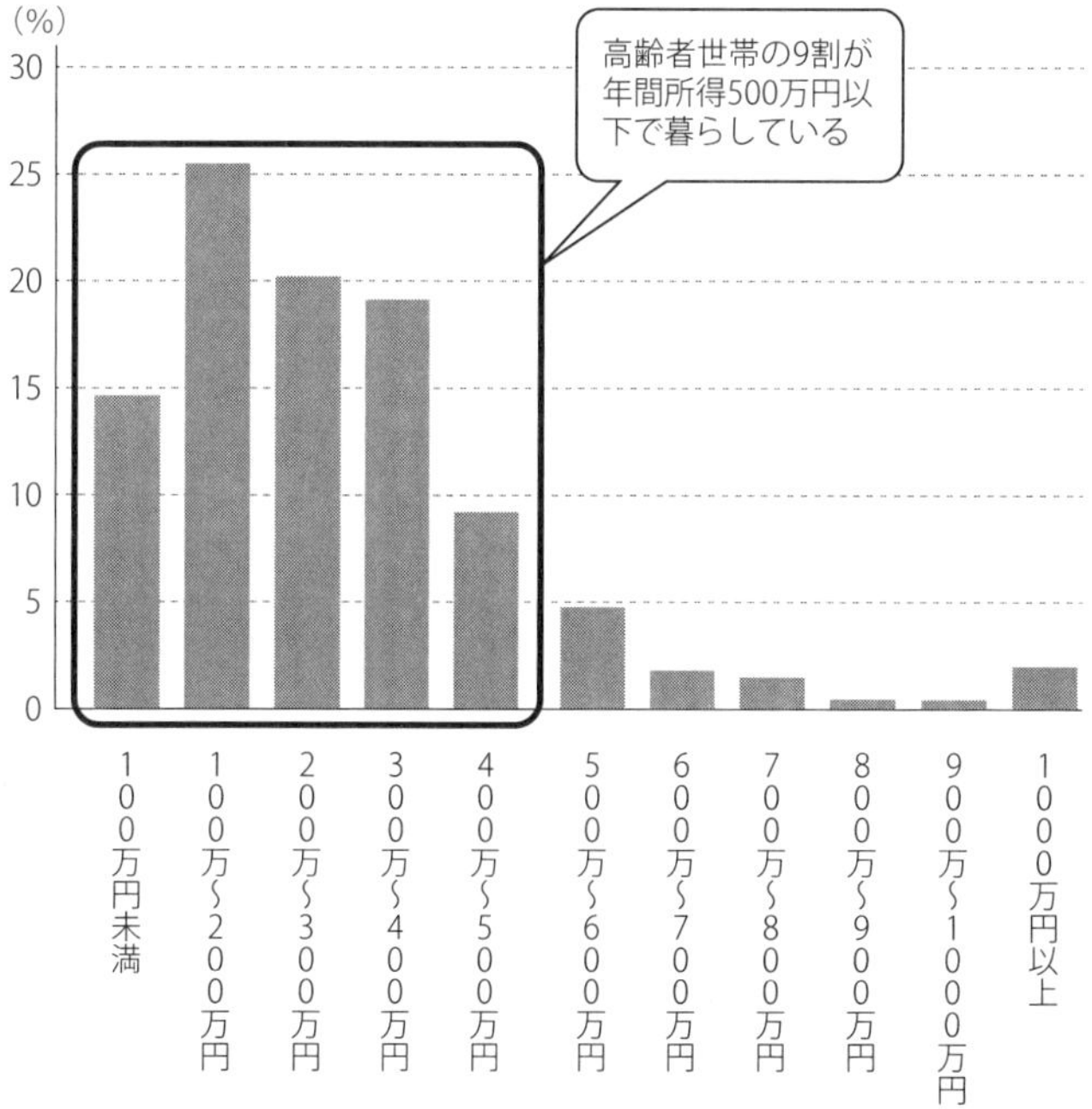

「平成24年国民生活基礎調査」厚生労働省より

年々悪化するなか、またぞろ保険料負担が増えないとも限りません。

実際、厚生年金の保険料率は、2004年9月まで13・58%でしたが、2004年10月以降は毎年0・354%ずつ引き上げられ、2017年10月には18・3%になります。また国民年金保険料も2005年4月から毎年280円ずつ引き上げられ、2017年度には月額1万6900円まで値上がりします。

当面、これで年金保険料

の引き上げは行われない方針ですが、この手の〝口約束〟はいつ反故《ほご》にされるかわかりません。今後、年金保険料の負担額がさらに引き上げられる一方で、年金給付額が抑えられたりしたら、実質的に受け取れる年金の総額は減額されたも同然です。ちなみに国民年金保険は現在、60歳をもって加入期間が終了し、４８０ヵ月加入していれば満額受け取る資格が得られますが、将来的には加入期間の終了を65歳まで引き上げるという話も出ています。

　いずれにしても、年金については負担額が増えていく方向です。現在50歳の方は、実際に自分が年金を受け取れるようになるまで、これから15年間もあるわけです。この間、どのような年金制度の見直しが行われるかは、誰にもわかりません。けっして安心してはいられません。

　ところで、厚生年金の給付開始年齢は65歳からという話をしましたが、多くの人はこの一文を読んで「あれ？」と思ったのではないでしょうか。

　定年はまだ60歳くらいが多い。最近は再雇用もあるし、今後は65歳が定年というのが一般的になっていくのかもしれないが、それまではどうなんだろう？　と。厚生年金の給付開始年齢が65歳ということは、60歳でリタイアすればその間の5年は無収入になってしまいます。だからこそ、大企業を中心に定年を65歳に引き上げる動きが進みつつあるのですが、中小企業の場合、まだまだそこまで雇用制度が充実していませんから、こうしたことが現実に起こりえます。

　この期間に、それまでに貯めてきたお金を一気に使い果たしてしまう恐れがあります。公的年金がまったく当てにならない、非常に危険な期間といっていいでしょう。

5年間、年金も仕事もない無収入状態で過ごしたとしたら、どのくらいの資金が必要になるかを簡単に計算してみます。

仮に毎月30万円かかる生活をしたとしましょう。30万円×12ヵ月で年間360万円。ということは、5年間で1800万円ものお金が必要になります。いくら大企業に勤めて退職金が2000万円あったとしても、再就職もせずに悠々自適《ゆうゆうじてき》な生活をしていたら、この5年間で確実に退職金の大半を使い果たすことになります。

たしかに、50代はいろいろお金がかかりますが、なんとしてでも老後を見据《みす》えた資産形成を進めなければならない時期でもあるのです。

50代はお金がかかる！

50代はお金がかかるといいましたが、具体的には、どのようなお金がどのくらいかかるものでしょうか。ちょっとファイナンシャル・プランナーっぽい話になってしまうのですが、男性をイメージして話を進めていきます。

30歳で結婚し、妻の年齢は仮に26歳だとします。

32歳で子どもが生まれました。計算をシンプルにするため、一人っ子だということにします。

35歳で家を買いました。ローンは25年。固定金利です。郊外の一軒家で、物件価格は4000万円。このうち3000万円が住宅ローンです。

そして、50歳のときに子どもが大学に入学しました。自宅通学で私立文系です。ストレートで大学に入ってくれたのはよいニュースでしたが、一方で父親が介護状態になりました。ちなみに、この時点ですでに母親は亡くなっているとします。介護認定は要介護4です。

……といった人生を歩んでいる男性50歳。ここから60歳までに、どんなお金が、どれだけかかるのでしょうか。日常の生活にかかる食費、被服費、光熱費などは省《はぶ》き、より大きな金額となる大学の学費、住宅ローンの残債、そして親の介護費用について考えてみましょう。

まず大学の学費。生命保険文化センターの調査によると、私立文系で自宅通学した場合の4年間の総費用は692万3000円でした。

次に、住宅ローンの残債です。35歳のときに購入したのですから、購入時期は2001年ごろ。当時は、今に比べるとまだ金利が高い水準で、おそらく一般的な固定金利（10年物）で年3・5%程度の金利だったはずです。

計算をわかりやすくするため、仮にこの金利水準が続いたという前提で、50歳の時点の住宅ローンの残債を計算すると、3000万円を25年間、年3・5%の金利（元利均等）で借り入れた場合の総返済額は4505万5904円（保証料等除く）、そして毎月の返済金額が15万187

円。50歳になる15年後の残債は1518万7826円になります。

最後に親の介護費用です。条件設定がなかなか難しいのですが、前述したように要介護4の認定で、自宅介護を選択したとしましょう。訪問入浴介護を週2回、訪問看護を週1回、訪問介護を一日2〜3回受けた場合の自己負担総額の目安は、年間36万4800円。介護期間を10年とすると、364万8000円になります。

ちなみに親の介護費用は、施設で介護を受けるとなると、コストが跳《は》ね上がります。特別養護老人ホームのように、比較的安価で入れる施設は、待機老人が大勢いるのに加え、入所するための条件も厳しくなります。

一方で、民間の有料老人ホームになると、入るための条件はとくに設けられていませんが、多額のお金がかかるケースがあります。それこそ、月額20万円近くの費用に加え、入居一時金として数百万円から1000万円程度かかるケースがあります。親自身がその支払いに十分なお金を持っていれば、それを充《あ》てることもできますが、もしそのようなお金を持っていないとすれば、最終的には子どもが面倒を見ざるをえないでしょう。

整理すると、

大学の学費　　692万3000円

住宅ローンの残債　1518万7826円
親の介護費用　　　364万8000円
以上の合計額　　2575万8826円

という支払いが必要になるという現実に直面しているのです。

もちろん、住宅ローンはその後金利が大幅に低下しているので、実際には多くの人は借り換えをして負債を減らしているでしょう。また介護は、親の年金を使って介護費用を軽減することもできるでしょう。それでも、2000万円からの支払いとなることは十分にありえます。

それに、たとえば子どもの学費にしても、地方から上京して下宿で通う、子どもが1人ではなく2〜3人いる、文系ではなく理系の大学を目指すなどとなった場合は、学費はさらに跳ね上がります。当然、692万円などでは済まず、軽く1000万円オーバーということにもなりかねません。

親の介護費用も、今は少子化社会ですから、結婚した者同士が一人っ子というケースも考えられます。双方の両親の介護をどうすればいいか、という難問に頭を悩ませている家庭は多いのではないでしょうか。

そうなると、総額は3000万、3500万円くらいになることも十分に考えられるでしょう。

これだけの費用を負担しつつ、いかにして自分たちの老後資産を築いていくのか。50代は金銭的にも、実にシビアな年代なのです。

女性は男性以上にシビア

50代という年代をシビアにとらえなければならないのは、男性以上に女性でしょう。

女性の平均寿命は87・05歳で世界一です。男性が80・79歳ですから、夫婦揃《そろ》って平均寿命まで生きたとすると、女性は男性よりも6年以上、長生きします。

加えて留意しなければならないのは、本当の寿命と、健康寿命の差です。健康寿命とは、心身ともに健康な状態で日常生活を送れる年齢のことです。日本人女性の健康寿命は73・62歳。平均寿命が87・05歳ですから、13年以上、心身のどこかに問題を抱えて生きることになります。

夫が80歳で亡くなったとすると、そこからの7年間は、自分自身さまざまな病気を抱えて生きることになります。当然、治療費もかかるでしょう。一人暮らしになって施設に入るとしたら、さらに多くのお金が必要です。

より多くのお金が必要になるものの、夫が亡くなると、妻の受け取る年金は大幅に減ります。

夫が厚生年金加入者で、妻よりも先に亡くなった場合、妻は3つの選択肢から年金の受給方法

を選ぶ必要があります。それは、
①自分自身の老齢基礎年金＋遺族厚生年金（夫の老齢厚生年金額の３／４）
②自分自身の老齢基礎年金＋老齢厚生年金
③１、２の中間。自分自身の老齢基礎年金＋遺族厚生年金の２／３と自分自身の老齢厚生年金の１／２
というものです。

このうち、最も多く受け取れるものを選べるのですが、いずれにしても、支給される年金額は目減りします。

80歳を過ぎた女性が外へ働きに出るなどというのは、現実的に考えても困難です。定期的な収入は、たとえ少額であったとしても公的年金に頼るしかなく、それにその時点の貯蓄等を取り崩して、不足分を補っていくしかありません。女性は、「最後は自分一人で生きていくことになる」ことを念頭に置いて、準備をしっかり進めることが大切です。

「なるようになるさ」を捨てる

今の50代は、１９８０年代に突如、日本で湧き起こったバブル経済を知っている最後の世代です。バブル経済の始まりをプラザ合意があった１９８５年だとすれば、１９６３年生まれの私は当時、22歳。まだ大学生で、就職したときにはもうバブル絶頂期でした。

全員が全員とは申しませんが、この世代の人たちには、ある種の共通意識があります。それは、「なるようになるさ」という考え方です。いかにもバブル期を過ごしてきた人らしい、楽観的なモノの考え方でしょう。今、50代で貯蓄等がほとんどゼロという人でも、きっと「まあ、なんとかなるだろう」と思っているはずです。しかも、その根拠がまた脆弱《ぜいじゃく》。

「今までの人たちも年金をもらっているんだから、自分たちだって大丈夫」

「そう簡単に給料を減らされたりしないでしょう」

「うちみたいな大企業が、そう簡単に倒産なんてしないって」

こうしたことを口にする人が時々いますが、いずれも確たる根拠はありません。前述したように、年金財政は少子高齢化の影響で年々厳しくなってきていますし、給料だって50代も半ばに差し掛かれば頭打ちになります。役員になれるなら話は別ですが、部長クラスで60歳を迎えると、同じ会社で、その先のキャリアはありませんし、役職定年によって55歳にもなれば、給料は減らされます。そして大企業でも、倒産しない保証はどこにもありません。

つまり、「どうにかなる」と自分では思っているのですが、「どうにもならない」のが現実なのです。

お金の問題だけではありません。夫婦関係、大丈夫ですか？

現役時代、ウィークデーは会社のために働き、週末は家族といっしょに過ごすこともなく、接待と称してゴルフに興じていた人も少なくないでしょう。そういう人もきっと、「定年になったらゆっくり夫婦の時間を持って、関係を修復すればいい」などと思っているのでしょうが、そうは問屋が卸しません。妻は自分のコミュニティを築いていますから、今さら「夫婦で旅行に」などと言ってみたところで、「はい、喜んで」とはまずならないでしょう。亭主と旅行に行くくらいなら、「自分のお友達と行きます」となります。その先に待っているのは、最後は「熟年離婚」です。

熟年離婚のコストは高くつきます。年金は夫婦半分ずつ。今まで築いてきた資産も半分ずつに分けなければなりません。つまりお互い、老後の生活水準は半分近くまで落ちると考えたほうがよいのです。

とはいえ、現実問題、日本においても年々離婚率が上昇しているのは広く知られている事実です。日本では現在、３組に1組が離婚するといわれており、もはやけっして珍しいことではありません。

「なるようになるさ」という気持ちは捨て、50代のうちにセカンドライフを充実させるための準備をしっかり行うよう心がける必要がある、というのが「私たちの現実」なのです。

第2章　これが新しい「50歳からの生き方」

まずは見栄から自由になること

ふり返れば、20代から30代まで、私もずいぶんと見栄《みえ》を張っていました。たとえば、「ワイシャツはイギリスのターンブル&アッサー以外はダメだよね」なんて、平気な顔をして言っていましたから。今にして思えば、いけすかないヤツだったかもしれません。

自己弁護をさせてもらえば、〝誰もが通る道〟なのだと思います。女性にもモテたい年ごろですしね。だから、実際には似合わないのに背伸びをしてしまう。それはそれで、楽しい時期でもありましたが、逆にいうと、常に無理をして窮屈な日々を過ごしてきたな、という想いもあります。

50歳を過ぎると、さすがにこの手の見栄はほとんどなくなります。もちろん個人差がありますから、中には、50歳を過ぎてもギラギラしている方はいるでしょう。

別にそれでもよいのですよ。いくら贅沢《ぜいたく》をしても、それに見合った収入があって、お金なんていくら使ってもまだ余る、という人は。ただ、普通の生活をしている人がそれを真似ようとすると、ほぼ確実に破綻《はたん》への道を突き進むことになります。

50歳以降の生活で大事なことは、

「自分の身の程を知る」

ほぼこれに尽きるのではないでしょうか。そのうえで、身の丈に合った生活をする。しかし、そのためには、どうすればいいのでしょうか。

それは、見栄や強がりを取っ払ってしまうことです。「あ〜あ、最近体力が衰《おとろ》えたな……」と、おじさんがつぶやくのは、多少自虐《じぎゃく》的なニュアンスも込められていますが、そのような言葉を素直に口に出せる年齢になったからこそ、ともいえます。ポジティブにとらえるならば、本当の意味で自然体の自分をさらけ出せる、人に弱みを見せられる年齢になったのです。

これは、とても大事なことです。

第一に、自分をさらけ出せずに見栄を張り続けるのは、「余計なコストがかかる」という意味で、避けるべきです。見栄を張る気持ちがあると、お酒を呑《の》むにしても、チェーンの居酒屋で済ませばよいところを、わざわざ高いお金を払って銀座のクラブに行くようなことをしてしまいます。車だって、軽自動車で十分間に合うのに、わざわざ外車を買ったりします。自分に自信がないから、このような行動を取ろうとするのです。

第二に、他人に自分をさらけ出せるのは、「自分の強み」がわかっているからです。強みに対する自信がなければ、人に弱みを見せることはできないでしょう。

50歳になると、はっきりいって、弱みをカバーしている時間はありません。定年までの時間が10年を切ろうとしているのですから、その短い間に苦手意識を克服《こくふく》し、弱みを強みに変えることなど、ほぼ不可能です。若いうちなら自分の成長の糧《かて》になっても、50歳を超えてからは、はっきりいって無駄です。それよりも、自分の強みを伸ばしていくことに専念するべきでしょう。その意味でも、自分の強みがわかっているというのは、とても大事なことです。

会社が50代の人間に対して、なにを求めているのかをよく考えてみてください。これは「絶対」といってもいいのですが、会社は50代の人間に、今までできなかったことができるようになってほしいとは思っていません。それよりも、その人が今まで経験してきたことのなかで、誰にも負けないものはなにか、その強みを発揮《はっき》して価値を創造することを求めています。

それを考えれば、自分の弱みを隠すために見栄を張るのが、いかに無駄なことかおわかりいただけるのではないでしょうか。

知ったかぶりは損をする

自分の弱みを見せることができず、なんでも知ったかぶりをする人がいますが、金銭的にも大きな損をするリスクを抱えています。

50歳にもなると、否応なく資産運用に関心を持たざるをえなくなります。時代はマイナス金利。預金したところで、利息はほとんどつきません。なんとかして手元にあるお金を、少しでも効率よく殖やしたいと考えるでしょう。

ただ、効率よく殖やすためには、預金のように預けっぱなしで元本割れリスクもなく、勝手に殖えていくなどというムシのよい話はありません。それなりにリスクを取り、商品内容を理解したうえで運用先を選別する必要があります。

だからといって、50歳以上の人に資産運用についての相応の知識があるかといえば、これがなかなか危なっかしい。

1980年代のバブル経済を経験している世代ですから、株式投資の経験がある人も少なくないと思います。しかし、この世代は「投資＝ギャンブル」という発想から抜け出せないまま、本当の意味での資産運用が必要な年齢に差しかかってしまった人が多いのです。もしくは、「投資＝悪」という固定観念が強く、「投資はいっさいしない」という人も、少なくありません。

つまり、資産形成に関して、今や常識的になっている基礎知識すら持ち合わせていない人が大勢いるのです。

そういう人が、ある日、突然思い立ち、証券会社の店頭で「投資信託が欲しいのだけれど、説明してもらえる？」などと話を聞きに出かけるときが、いちばん危ないと断言できます。

「このファンドは、円建てでご購入いただくのですが、それをブラジルレアルに替えたうえで、米国国債に投資します。すると、ブラジルと米国の金利差によってヘッジプレミアムという収益が上乗せされ、毎月お受け取りになる分配金の額が、ほかのファンドに比べて有利になります。

これを通貨選択型ファンドといいます。今、最も人気の高い投資信託なので、ぜひともご検討くださいませ」

資産運用の経験が一度もない人が、証券会社の店頭でこのような説明を受けたとしても、おそらくちんぷんかんぷんだと思います。けれど、聞けばなんとなく有利な運用が期待できそうな気がしてきます。そこで、思わず「買います」などと口走ってしまうのです。

実際問題、上記の説明は突っ込みどころ満載で、このファンドに投資するつもりなら、その前にいろいろなことを確認する必要があります。

「どうして円を米ドルに替えず、間にブラジルレアルを介在させるのか」

「ヘッジプレミアムとはなにか」

「分配金は固定なのか、それとも変動なのか」

「ブラジルレアル建てで投資するリスクはどこにあるのか」

「ほかのファンドに比べて分配金が有利というが、具体的にどのファンドと比べた話なのか」

これでもまだまだ聞き足りないくらいです。

ところが、知ったかぶりの人はきっと、ここで質問ができません。「そんなことも知らないの?」と相手に思われたくないからです。こうして、自分でもなんだかよくわからない投資商品に、多額のお金を注《つ》ぎ込むことになります。

当然、この手の投資商品は、ある程度高いリターンが期待できる反面、それ相応のリスクがあります。この場合は、とりわけブラジルレアルという高金利通貨の変動リスクをしっかりと理解したうえで、納得して購入しなければなりません。

ところが、知ったかぶりをする人は、自分のわからないことを質問しようとしません。販売担当者の話の中身を理解しないまま購入し、あとになって大幅な元本割れを起こしてから、その要因がわからず真っ青になるのです。

金融機関の営業担当者は、顧客に対してきちんと元本割れリスクの有無について説明する義務があります。それをしないと説明義務違反になりますから、当たり障《さわ》りのないところで、元本割れリスクについて説明します。とはいえ、営業担当者は金融商品を販売し、手数料を稼いでナンボですから、顧客側に立ち、顧客にとって有利な情報を提供したりはしません。リスクについても、本当に簡単に触れる程度です。つまり、本当のリスクの所在については、顧客が自分の知識で聞き出していかないと十分に明らかになっていかないのです。

知ったかぶりをして、慣れない投資商品で退職金の運用などをしたら、老後の生活資金をみすみす失うことにもなりかねません。こういう意味でも、50歳になって人に弱みを見せられない自分に気づいたら、早めにその性格を直したほうがいいといえます。

どうすればその性格を直せるかって？

みずから意識して「見栄」という鎧《よろい》を脱ぐことです。見栄の鎧を脱いだら、きっと素直な気持ちで、知らないことを「知らない」って言えるようになりますよ。

自分のためだけに時間を使わない

かなり前時代的と思われる方も多いと思うのですが、私は武田鉄矢《たけだてつや》さんがボーカルを務めるフォークユニット海援隊の、『母に捧げるバラード』という歌が好きです。

一心不乱に働いて、遊びたいとか休みたいとか考えることなく、ひたすら働くことに没頭して、自分の仕事をやり抜く。人って、そういうもんじゃないか……というような歌詞ですが、そうした生き方って、素直にカッコいいと思うのです。もちろん、本当にまったく休みたいと思わない人がいたとしたら、それこそ鉄人ですが、私は「人は働くため、社会に生かされている」と思うのです。

なぜ、そのような考え方を持つようになったのかというと、これは拙著『預金バカ』でも書いたことですが、セゾン投信を立ち上げる前、しばらく「冷や飯食い」をさせられていたことがあるからです。

当時、40歳になったばかりで、これからいよいよビジネスで自分の腕を振るえると思っていたのに、いきなり梯子《はしご》を外され、「自分の好きなことをなんでもやっていい」というセクションに飛ばされました。「なんでもやっていい」とはいえ、しかしそれは、「あるビジネスの範囲内で」という前提条件つきだったため、長期投資の資産運用ビジネスを立ち上げようと奔走《ほんそう》していた自分には、畑違いの魅力のない仕事でした。

1年ほど、ろくな仕事もせずにプラプラする日々を過ごしていたのですが、このとき、「自分のやるべき仕事がないのは、本当に辛《つら》いことなのだ」と実感しました。それで、「人は働くため、社会に生かされている」と考えるようになったのです。人様に「ありがとう」と言われる仕事をすることで、人間というものは初めて存在意義を持つことを知りました。

定年間際の人に、「仕事をやめたらなにをするのですか」と聞くと、「自分のために時間を使いたい」と答える人が大勢います。これまで会社に自分の時間を捧《ささ》げてきたのだから、定年になったら自分の趣味や旅行などに時間を使いたいと思う気持ち、わからないではありません。

でも、趣味だって、毎日やっていればそのうち飽《あ》きるでしょう。旅行なんて、頻繁に出かけていたら、お金がいくらあっても足りません。自分のために時間を使うといっても、やることなんてたかがしれています。そのうち、日中からテレビで時代劇かプロ野球中継でも観て、昼酒を呑み、あとは昼寝……なんていう生活になってしまう恐れもあります。

いくら定年を迎えたとはいえ、これでは半ば止まった時間を生きているようなものでしょう。社会人になるまでは、みな自分のために生きています。なぜなら、親が子どものために働き、養ってくれるからです。だから子どもは、自分のことだけを考えていても生活に困るようなことにはなりません。将来社会に出るときに備えて、学ぶ時間です。

でも、社会人になると違ってきます。もちろん、自分が食べるために働くのですが、同時に世の中をよりよいものにするために、みな働きます。そうですよね。世の中を悪くするために働いている人なんて、本来、この世に一人もいないはずだし、そんな仕事はあってはいけないのです。

もちろん、社会人になったばかりのころは、右も左もわからない状況です。どちらかといえば上司、先輩社員に助けられながら働いています。20代のころは、自分が会社に貢献《こうけん》するというより、会社に育ててもらっているというほうが正しいでしょう。

30代、40代は、いろいろな意味でお金もかかるし、家族があれば、その責任がのしかかってきます。自分のために働き、家族を養うのと同時に、仕事を通じて会社に貢献する年代です。

それでは、50代以降は？

これはもう、世の中全般に対する貢献です。少なくとも私はそう思っています。これまでの社会人生活で得た知見と経験、自分の強みを最大限に活かして、この世の中に対して、なんらかの形で貢献するのです。40代までに自分が得て磨いてきたスキルをもとに、自分が世の中から享《きょう》受《じゅ》してきたさまざまな恩恵《おんけい》を、これからは世の中にお返しする番なのです。

定年が人生のゴールではありません。むしろ、所属する会社の利益や経営方針とは無関係に、個人として思うがままに活動できるようになるのが定年です。そう考えれば、自分の社会貢献にも「定年」はありません。死ぬまで自分を活かすことが可能です。

定年が社会人としての終わりのタイミングだと、多くの人が勘違いしています。人は生きている限り、走り続けるのです。むしろ、定年を迎えて一個人として羽ばたくために、現役時代というものは存在しているのです。

楽しみながら働く方法を考える

私が懇意《こんい》にさせていただいている方は今、69歳。元外資系運用会社の日本法人社長で、年金運用のプロフェッショナルです。58歳のとき、社長を務めていた外資系運用会社が、年金運用資産額で業界トップになったのを機に退職されました。

外資系運用会社の社長といえば、そうとうの激務だったことでしょう。「もうさんざん働いたし、あとは旅行や趣味を楽しみながら、ゆったりした時間を過ごしたい」と考えても不思議ではありません。

でも、彼は違いました。外資系運用会社の社長をやめたあと、58歳にして起業したのです。そして、投資教育を広める活動をスタートさせました。長年、年金運用の現場に携《たずさ》わってきたというエクスパティーズ（専門性）を駆使《くし》して、今の日本人に最も欠けているといわれる資産運用の基本知識を、一人でも多くの人に伝えていく。そんな〝伝道師〟としての仕事に、残りの人生を懸けているのです。

投資教育の対象も、大人だけではありません。日本全国の小中学校を回り、子どもたちを対象にしたお金の教育も行っています。それらはビジネスとして大きく稼ぐためのものではなく、ほとんどボランティアに近いもの。自分の損得とは関係なく、自分がこれまで得てきた資産運用の知識を、より多くの人たちに伝えていこうとしているのです。まさに、世の中へのお返しです。

I－Oウェルス・アドバイザーズという会社の代表を務めている岡本和久《おかもとかずひさ》さんこそ、その人です。素晴らしい生き方だと思います。

もう一人、大手証券会社をやめたあと、岡本さんと同じように、経済や資産運用の語り部として活躍されている方がいらっしゃいます。大江英樹《おおえひでき》さんです。

大江さんも、岡本さんと同じように日本全国を飛び回っていらっしゃいます。そして、個人の方々や、ファイナンシャル・プランナーの方々と交流しながら、自分が証券会社時代に得た知識を広く伝えようとしています。著書も多数、出版されています。

これから定年を迎えようとしている人にとって、大江さんの生き方は、きっと参考になると思います。大江さんは定年退職する予定でしたが、新しい部長に業務を引き継ぐ必要があったことから、会社から1年の雇用延長をお願いされ、定年後も通勤していました。

長年にわたって部長をしてきた大江さんは、誰よりも業務内容に詳しく、昔からの部下も、大江さんに相談したほうが早いことはわかっています。けれども、新しい部長の手前、それはしにくい。新しい部長も、大江さんに頼るわけにいかず、かといって下働きのような仕事もお願いしにくい。もちろん大江さん自身は定年になっているので、業務上の権限はいっさい持っていません。そんなことで、非常に中途半端《ちゅうとはんぱ》な、仕事がやりにくい状況になったそうです。

そこで、大江さんは当初1年といわれていた雇用延長を半年で切り上げ、独立に踏み切りました。

実は、大江さんのお名前をよく聞くようになったのは、ここ3〜4年のことです。それ以前は、大手証券会社の部長職だったわけですが、ただの「部長」では、ここまで広く一般に名前が知られることはありません。大江さんの場合、独立を決断してからの行動が素晴らしかったのです。

とにかく、人と会うことを心掛けたそうです。独立して半年はまったく仕事がなかったといいますが、とにかくいろいろな人に出会い、「私はこういうことができます」という話をしていきました。そのうち、「それなら、この仕事をお願いしてみようか」というところがポツポツと出てくるようになりました。そうなると早い。そこからどんどん仕事の輪が広がっていきました。

今や、さまざまなメディアで、年金や運用の専門家としてそれこそ大江さんの顔を見ない日はない、というくらいの状態です。

このように、50歳から定年を迎えるまでの間に、自分のエクスパティーズをしっかり把握し、そこを伸ばしておけば、定年後もそれが仕事につながる可能性があります。

お二人の生き方を見ていて思うのは、とても楽しんでいらっしゃる、ということです。これはとても大事なことです。すでに子どもが独立していれば、生活費もそれまでほどにはかかりませんから、30代、40代のように、重い責任を背負って働く必要はどこにもありません。

言い方を換えると、大きな利益につながるようなビジネスをしなくてもいいのです。

サラリーマンを長く続けてきた人は厚生年金なので、国民年金にしか加入していない自営業者に比べて公的年金の支給額が大きいですし、なんとか、その支給額の範囲内でやりくりできれば、月々の生活費プラスアルファ程度を稼ぐだけで、定年後の生活は十分に楽になります。

自分の強みを活かして、楽しみながら働く。50歳から定年までの期間は、そのための準備に充《あ》てる。これから、そういう生き方がひとつのスタンダードになっていくのではないでしょうか。

得意な仕事をエクスパティーズに

これまで何度か「エクスパティーズ」という言葉が出てきました。定年後の人生を〝サバイヴ〟していくうえで、重要なキーワードです。

一般的に、エクスパティーズは「専門性」と訳されます。自分が持っている専門的な知識、技術、ノウハウ、プロフェッショナリティといったところでしょう。

外国人のビジネスパーソンとの会話が進むと、途中で必ず「おまえのエクスパティーズはなんだ？」と訊《き》かれます。しかし、日本人のビジネスパーソンがこの手の会話をしているのを、少なくとも私は聞いたことがありません。

「おまえのエクスパティーズはなんだ？」と、外国人ビジネスパーソンから訊かれたら、たとえば「日本企業の分析を20年やっている」とか、「商品のマーケティングに従事して10年」などと答えます。ところが、多くの日本人ビジネスパーソンは、この手の質問に明確に答えることができないと思います。とりわけ、管理職が長い人になるとなおさらです。

以前、私の大学時代の友人が、「もう今の仕事が嫌になったから、おまえのところで働かせてくれよ」と言ってきたことがあります。それに対して私は、「いいけど、なにができるの？」と訊いてみました。私は、まさにこのエクスパティーズについて質問したつもりでした。

ところが友人の答えは、「管理職ならできるよ」というものでした。「今、次長をやっているし。管理職の経験は長いからさ」と、さらに言葉を続けてきましたが、申し訳ないけれども遠慮していただきました。「管理職」というのは、エクスパティーズでもなんでもないからです。

管理部門の仕事が長い人は、自分の専門性がどこにあるのか皆目見当がつかない場合もあるでしょう。でも、見つけてください。なぜなら、まさに「芸は身を助ける」ものだからです。

50歳で、残りの会社員生活が10年そこそこだとしても、その間に勤務先が急に合併したりするケースは、今の時代ままあるものです。30代、40代のビジネスパースンならなおのことです。これから先、長い会社員人生のなかで、自分の勤めている会社が他社と合併したり、最悪、倒産したりすることも、ある程度、想定しておく必要があります。

私が社会人になったばかりのころ、1980年代には、日本の都市銀行が全部で13行ありました。ざっと並べると、第一勧業銀行、富士銀行、三井銀行、太陽神戸銀行、住友銀行、埼玉銀行、協和銀行、大和銀行、東京銀行、三菱銀行、北海道拓殖銀行、三和銀行、東海銀行です。うち北海道拓殖銀行は1997年に破綻。残り12行は、4つのメガバンクに統合されました。

みずほ銀行＝第一勧業銀行、富士銀行
三井住友銀行＝三井銀行、太陽神戸銀行、住友銀行
りそな銀行＝埼玉銀行、協和銀行、大和銀行
三菱東京ＵＦＪ銀行＝三菱銀行、東京銀行、三和銀行、東海銀行

かつて13行あった都市銀行は、２００６年にはわずか4メガバンクに再編されたのです。

複数の銀行が合併すると、それに引き続いて、今度はそのなかで従業員の選別、つまりリストラが行われます。とくに総務や経理などの間接部門は、たとえば3行の合併が行われたからといって、3倍の人員は必要ありません。

当然、余った人はリストラの対象になります。それも、3行合併のなかの力関係で、生き残れるかどうかが決まります。たとえば、4行合併で誕生した三菱東京ＵＦＪ銀行だったら、傍目《はため》にも、三菱銀行が最も強い力を持っていることがわかります。おそらく、東海銀行出身で今も三菱東京ＵＦＪ銀行に残っている人は、もはや少数ではないかと思います。

今後は、日本全国にある地方銀行が業界再編の対象になるでしょう。２０１６年3月現在、地方銀行の数は64行、第二地方銀行が41行の計１０５行ですが、あと3年もすれば、地方銀行の数は現在の3分の1くらいまで減っていてもおかしくありません。

業界再編の動きは、金融機関だけに止まりません。今後数年のうちに、さまざまなセクターにおいて、有名企業同士の合併などが次々行われる可能性があります。たとえばソニーとパナソニックの合併なんて、今までは考えられませんでしたが、これからは十分に起こりうると思います。

そういう時代だからこそ、ますます自分のエクスパティーズが重要になってきます。

ご自身がこれまで携わってきた仕事の内容をじっくり思い出せば、1つや2つの強みは必ずあるはずです。

たとえば経理部勤務が非常に長かったけれども、パソコンが趣味で、ちょっとした社内ネットワークなら簡単に構築でき、しかも社交性に富《と》んでいるとなれば、社交性とパソコンの技術を組み合わせることによって、実はパソコン教室の先生ができるかもしれません。このように、一見なんの関係もなさそうなものを組み合わせたときにイノベーションは起こります。エクスパティーズは、自分自身にイノベーションを引き起こす原動力になるのです。

なぜ、日本のビジネスパースンはエクスパティーズを持っていないのかというと、日本企業の多くが、スペシャリストよりもゼネラリストを重視してきたからでしょう。それはもう仕方のないことです。そういう企業風土のなかで、何十年もビジネスパースンとしてのキャリアを積んできてしまったのだから、今さら、ゼロからなにかのスペシャリストになるなどということは、はっきりいって実現可能性は限りなくゼロに近く、そこに時間を費やすのは無駄です。

でも、ゼネラリストとしてのキャリアを積んできたなかでも、「これはけっこう得意」という仕事は、必ずいくつかはあるはずです。そこが、あなたにとってのエクスパティーズになりえます。となれば、50歳から定年までは、「けっこう得意な仕事」をエクスパティーズといえるレベルにまで昇華させることに専念してください。

そして、自分のエクスパティーズを見つけたら、その能力を過小評価しないことです。「この分野は、たしかに人に負けないつもりだけれども、今の日本では活かす場面がないし……」などと思わないこと。よく考えてみてください。たとえ日本国内ではもう使い道がない技術などでも、たとえばアジアの新興国に持ち込めば、十分使える可能性があります。

もちろん、海外の新興国で自分の技術を活かすためには、それ相応の語学力も必要になりますが、別に語学ができなかったとしても、現地で安い値段で通訳を雇えばいいのです。定年になってから、それまでの会社員生活で培《つちか》ったノウハウを発展途上の国々で活かせるような仕事をしたら、カッコイイと思いますよ。

ロイヤリティは仕事に対して

「ロイヤリティ＝忠誠心」とは、誰に対するものと考えますか。

今の50代の方々は、会社に対するものだと思っている人が多いでしょう。でも、50歳を過ぎたら、会社ではなく、自分の仕事に対してロイヤリティを持つべきだと思います。

今までの日本の企業文化は、会社に対するロイヤリティが非常に高いことが特徴でした。会社に対するロイヤリティがここまで高い国は珍しいと思います。

思うに、三菱自動車の燃費データ不正事件なども、会社に対するロイヤリティがあまりにも高いがために起こったものと考えられるのではないでしょうか。おそらく、あの事件に加担していた人たちは、自分たちがまさかあそこまで強い社会的批判に晒《さら》されるとは、思ってもみなかったでしょう。そして、なぜあのようなことをしたのかと訊かれれば、二言目には「会社のためだから」と答えると思います。

日本企業が引き起こした過去の不祥事を辿《たど》っていくと、似たような事例はたくさんあります。2015年は東芝不正会計事件、東洋ゴム工業の試験データ偽装事件、タカタのエアバッグ不具合問題、旭化成建材の杭打ちデータ改竄《かいざん》問題などがありましたが、いずれも組織ぐるみの犯行なのか、首謀者の姿がはっきり見えないという特徴がありました。

そもそも、ロイヤリティは誰に対して持つものなのでしょうか。グローバルスタンダードという観点でいえば、ロイヤリティの対象は自分の仕事に対して持つものです。そして、自分の仕事は社会に対して、どのような付加価値を提供できるか、という点が常に問われるわけですが、それはけっして「会社のため」ではありません。

これは、自分の仕事でお金をいただく、つまり「マネタイズ」していくうえでも、非常に重要です。

会社員である50歳までの30年間は、○○株式会社営業部長というような、肩書を持っていること自体がマネタイズ能力でした。だからこそ、多くのビジネスパースンは、なにも疑問に思うことなく、自分の会社に対してロイヤリティを持つようになったのです。

しかし、定年後は違います。

そもそも、それまで自分のマネタイズ能力を担保《たんぽ》してくれていた肩書そのものがなくなっているのですから、自分の能力を、きちんとマネタイズしていかなければなりません。そのためには、少しでも早いうちから、自分の仕事に対してロイヤリティを持つように意識を変えていくべきでしょう。

ところで、本書は50代の人たちだけでなく、おそらく40代、30代の人も読んでくださっているかと思います。そういう若い方にいっておきたいことがあります。自分のエクスパティーズは早いうちに固めておいたほうがよい、ということです。

50代で固めてもいいのですが、ある程度、早い時期から固めておけば、時間をしっかり使って人脈を広げることができます。失敗しても、また別のエクスパティーズを固めるために時間を使うことが可能です。後述する資産運用でもそうなのですが、なにごとも早いうちからスタートするに越したことはありません。

ちなみに私の場合は、43歳のときにクレディセゾングループの社内ベンチャーという形で、セゾン投信を立ち上げました。もともと、クレディセゾングループの資産運用会社に所属し、外国債券を中心にしたグローバル運用に従事していたので、比較的若いうちから自分のエクスパティーズを意識せざるをえない状況にありました。だからこそ、それが現在に至るキャリア形成という面で奏功した部分があると思います。

「もう50歳を過ぎたから、なにをやっても無駄だ」などと思う必要は、どこにもありません。エクスパティーズを固めるのが多少、早かろうと遅かろうと、最終的には定年を迎えるまでにしっかり固めておけばいいのです。早いに越したことはありませんが、早いから成功するというものでもありません。

ただ、しっかりエクスパティーズを固めておけば、60歳ごろから始まる第二の人生は、より豊かなものになるはずです。そして、エクスパティーズを確固たるものにするうえでも、自分の仕事に対するロイヤリティは、勤務先に対するロイヤリティより優先させたほうがいいでしょう。

人生に一発逆転はない

「なんとかなるさ」と思っていても「なんともならない」のが現実というもの。

「なんとかなるさ」と思っている人は、心のどこかで「いつか、一発逆転できるはずだ」という、根拠のない期待感を持っているように見受けられます。

でも、人生において、一発大逆転などということはほとんど起こりません。だから、奇跡が起こることを期待して、50歳になっても自分の定年後をまったくイメージせず、自分のやりたいことをやり続けるというキリギリス的な生活パターンは、危険極まりないものといっていいでしょう。その先に待っているのは、奈落です。

そもそも一発逆転の根拠が、どこにあるのでしょうか。

50歳で役員コースに乗っている人なら、これから先、重役になって所得が増えることも考えられますが、そういう人たちは基本的に一発逆転を狙《ねら》うタイプではありません。普段から人並み以上の努力を重ねた先に、役員コースがあるのです。なんの努力もせず、最後の最後に一発逆転を狙って重役になれるほど、世の中は甘くありません。

それでは、投機で一発逆転でしょうか。株の信用取引やＦＸ（外国為替証拠金取引）のように、確かに一発逆転で大儲《おおもう》けできる金融商品はたくさんありますし、実際にそれらのトレードで成功を収めている個人も大勢います。

でも、株式やＦＸのトレードも、シロウトがいきなり始めて勝てるものではありません。私が知っている限りでも、多くの個人トレーダーは何度となく大きな損失を被《こうむ》っています。そういうたいへんな状況を潜《くぐ》り抜けて、大きく儲かるようになる人もいますが、大概は最後に大損して脱落していきます。

一発逆転を狙える確実かつ最後の手段は、「親の遺産」かもしれません。ただ、親の遺産を当てにして生活するのも「なんだかな」という気はします。それに、兄弟が何人かいると、遺産を巡ってまさしく骨肉の争いに発展しかねません。一人っ子なら話は別ですが、基本的に遺産を独り占めすることはできません。資産家ならともかく、一般的な家庭の場合は、一発逆転を狙えるほどの金額にはならないでしょう。

このように考えていくと、つくづく人生に一発逆転はないということがよくわかります。それに、一発逆転が来る日を夢みて浪費を重ねた挙《あ》げ句《く》、結局逆転のチャンスが巡ってこなければ、事態はたちまち行き詰まってしまいます。だから、人生に一発逆転などありえないという前提で行動すべきことは改めていうまでもないでしょう。

「マイ名刺」を持とう

少し前向きになる話もしましょう。

会社勤めのみなさんは、名刺を何種類お持ちですか？　といっても、これまでのビジネスを通じて交換してきた、大勢の人々の名刺の枚数のことをいっているのではありません。自分自身の名刺を何種類持っているのか、という話です。

おそらく、2種類も、3種類もは持っていない人が大半でしょう。

別に1種類しか持っていないことを非難しているわけではありません。名刺なんて会社で刷ってくれたものだけを持っているのが普通です。プライベートで人と会うときも、それを差し出します。

でも、ここでちょっとした遊びのテイストを入れて、もう1枚名刺を持ってみてはいかがでしょうか。

私の知人でもある某出版社の編集者は、劇団員の名刺を持っています。劇団の主宰者であり、台本作家でもあるのですが、彼は自己紹介のとき、「劇団主宰が本業、編集はアルバイトみたいなものですよ、あはは」と言っていました。

また、この間お会いしたお客様は、「セゾン投信応援団」という名刺をお持ちでした。

ほかにも、ゴスペルに目覚め、合唱団に入って練習を重ね、NHKの紅白歌合戦に3度、バックコーラスで参加している方がいます。この方も、日中は歌とはまったく関係のない仕事に従事されています。バックコーラスとはいえ、NHKホールで3回も歌っているのはたいしたものです。

どんな肩書でもいいのです。自分の興味があることや、得意分野、エクスパティーズがあれば、それを名刺に刷り込んで使うのです。

マイ名刺をつくるとき、誰もが「なにを肩書に入れようか」と考えるはずです。この時点で、自分のやりたいこと、自分の得意分野はなにかということを、頭のなかで整理するようになります。仕事相手に渡すと、よほど親しい関係でもない限り、のちのち面倒なことになる恐れもあるので、ビジネスシーンでは用いないほうが無難でしょう。それでも親しい仲になったら、親近感を抱いてもらうのにマイ名刺を使うのはありでしょう。そこは状況を見て判断する必要があります。

また、仕事が好きだった人ほど、マイ名刺をつくる際にさまざまな肩書が浮かんでくるはずです。そういう人の多くが、より積極的に世の中に関わっていますし、そのなかで必ずなにか「コレだ！」といえるものを持っています。

逆に、仕事があまり好きではない人の場合は、いささか問題です。なぜなら、仕事は上からの命令で嫌々やらされるものと思っているから、個人としての自分にはなにも残っていないのです。ですから、そういう方こそ、50歳になってからが勝負です。定年を迎えるまでの十数年で、マイ名刺が持てるようになるなにかを摑《つか》んでほしいと思います。

世間で「一流企業」といわれる会社に勤務している人ほど、会社の名刺に頼りがちです。30代、40代のころはそれでもよいのですが、50代になったら会社の名前よりも、「自分そのもの」で勝負です。

そして、仕事以外のプライベートでは、できるだけマイ名刺を使うようにするというルールを設けましょう。こうして仕事以外の自分を外部の人々に認めてもらうとともに、自分自身でも、その名刺に書いた肩書をより深掘りし、さらにスキルを高めていこうとすれば、マイ名刺が具体的に役に立つことへとつながっていきます。

50にして退路を断つ

もし、定年後もなにかしら社会と関わりを持ち、できればそこからいくばくかの収入を得ようと思うのなら、少なくとも再雇用は受けないという前提で50代を過ごす必要があります。再雇用されることを前提に考えていると、そこにある種の甘えが生じ、結局は50代のときに打つべき手を打たず、ただ漠然と定年を迎えることにもなりかねません。そもそも、再雇用といっても、実際には嘱託社員（契約）がほとんどで、収入は定年前の3分の1から半分程度になることが多く、なってみて愕然とする人がたくさんいます。

つまりは、「退路を断つ」ということです。

なにかを捨てなければ、なにかを得られないのは、「質量保存の法則」そのものです。会社員を続けてきて、給料を毎月もらいながら、定年後は別のキャリアで活躍できる環境を手にしようと思っても、なかなかうまくいきません。もし、定年後に別のキャリアプランを描いているのならば、50歳になった時点から、会社員としての仕事は少しずつ抑え気味にしたうえで、新しいキャリアのための準備を進めていく必要があります。

しかし、今まで勤めていた会社の仕事に全力を尽くしながら、別のキャリア構築をするなどというのは、時間的にも体力的にも、50代の人間には高いハードルです。だからこそ、退路を断つ必要があるのです。

私自身、今のキャリアを築くまでには、ずいぶんいろいろなものを捨ててきました。それこそ、「おいしいサラリーマン生活」は、すべてポイです。

私が就職した会社は、一部上場で従業員も多い大企業になるので、出世さえ望まなければ、世間相場よりも比較的高い給料で、安定したサラリーマン生活を送ることも可能でした。一度は長期投資のビジネスを展開する夢に破れ、異動して冷や飯を喰わされていた時期に、出社してなにもせず適当にプラプラしていても、上司から怒られることはありませんでした。もちろん給料はしっかり得ながら。正直、「自分のやりたい仕事ができないのなら、冷や飯喰いのままで定年を迎えるのも手だな」と、ひととき思っていたくらいです。

大企業というのは、そのくらい社員を厚遇しています。

しかし、このままだと確実につまらない人生を歩むことになる、という危機感がありました。その焦《あせ》りがあったからこそ、次にチャンスが巡ってきたとき、即座にこれまで自分が享受していた既得権（みたいなもの）をすべて捨てて、セゾン投信の設立という挑戦へと舵《かじ》を切ったのです。私が自分の人生で退路を断ったのは、まさにあの瞬間でした。

社内起業という形ではありましたが、セゾン投信を立ち上げるということは、私にとって、自分のそれまでの安定した会社員人生のすべてを捨てることにほかなりませんでした。グループ企業のクレディセゾンからの出資を受けて会社を立ち上げ、定期的に親会社であるクレディセゾンの役員会に出席し、業績を報告しなければなりません。まだ数字が伸びていないころは、役員会の席上でほぼ「さらし者」状態です。立ち上げたばかりであったとしても、私はもはやグループ企業の社長です。当然、守ってくれる人は誰もいません。

もし、私の現在の肩書が、クレディセゾングループの一部門の部長あたりだったら、間違いなく今ほどは働いていないでしょう。週末にゴルフでもして、会社員人生を満喫していたと思います。給料も悪くはないでしょうし、なにしろ部長職ならまだ会社が立場を守ってくれます。

しかし、セゾン投信の代表取締役社長になるということは、クレディセゾンでじっとしていれば得られたはずの社員としての既得権を、すべて手放すということです。代表取締役社長といっても、その座も、解任動議が可決されれば従わざるをえませんし、給料にしてもクレディセゾンの部長クラスよりも少ないくらいの水準でしょう。それで、土日もないくらいひたすら働き続けているのです。

可哀想だと思いませんか？

いや、もちろん冗談です。たしかに責任を背負ったたいへんな仕事ではありますが、大企業の会社員に埋《うず》もれるくらいなら、私は今の立場のほうが、プレッシャーはあるけれども、はるかに楽しみながら仕事ができていると思います。

時々、同期入社した連中に、こう言われることがあります。

「おまえのことがうらやましいよ。自分の好きなことばかりやっちゃってさ」

いや、だったら自分もやってみてはどう——と提案したいところですが、人のことをうらやましがっているだけではものごとは進まないので、おそらくこの同期は、本音では独立するなんてことは考えていないと思います。ただ、会社のなかでなにか不満があって、愚痴《ぐち》を言いたいだけなのです。

私は時々、セゾン投信に出資してくれているクレディセゾンの偉い人たちに対しても、歯に衣《きぬ》着せず、意見を申し上げることがあります。もし、私が一介の部長に過ぎなかったら、いくら自分の見方が正しかったとしても、なかなか言えるものではありません。会議室のなかは、直々に上司を批判できるような雰囲気ではないからです。でも、それができるのは、もはやクレディセゾンの社員でもなんでもなく、グループ企業の代表取締役という立場にあるからです。

「だから、俺と同じように独立すればいいじゃん」などとは申しません。結局、多くの人が行動に踏み切れないのは、ほかにも捨てたくないもの、捨てられないものがあるからです。

たとえば家族と住んでいる家。どうですか、けっこう立派なところに住んでいる人、多いと思います。定年後まで続く多額の住宅ローンを組んでおきながら、今さらリスクを取れないもなにもあったものではないでしょう。自分のやりたいことを実現したいのであれば、あきらめるべきものはあきらめ、捨てるものをきっちり捨てて、退路を断つよりほかに方法はないのです。

最後は会社にしがみつくのも手

これはあまりおすすめしたくないことですが、今の50代は、最後の最後には「会社にしがみつく」という手があります。

とくに大企業、もしくはお役所のような、雇用がきわめて安定しているところに勤めている方にとって、これは非常に大きなアドバンテージのひとつといっていいでしょう。

たとえばある大企業の例ですが、「計算センター」というセクションがあって、ここに勤めている人は、どちらかというと出世コースから外された人ばかりです。とはいえ、普通に生活していくうえではまず困らない程度の給料をもらうことができます。

仕事もヒマ。そこに配属された人は、朝ののんびりコーヒーかお茶を飲んで新聞を読み、適当に仕事をしたら昼飯を食べに出かけ、眠気を嚙《か》み殺しながら午後の業務を行い、なぜか3時のお菓子を食べ、定時には帰る、という毎日の繰り返しです。

どこの会社でも、とくに伝統のある大企業になればなるほど、必ずこの手のセクションがあるはずです。

これは正直、大企業に勤めている正社員のみが得られる特権だと思います。ものすごい社員数を抱える大企業ともなると、大規模なリストラなどをしたら、個人消費全般に悪影響を及ぼし、経済活動そのものを後退させてしまう恐れがあるし、なんといっても大企業の経営者は雇用関係のトラブルを恐れて、なるべくリストラをせずに、「じっと耐える」という選択をするのが一般的です。よって大企業は、なかなか従業員をリストラしないのです。

私自身も、飼い殺し状態になっていたときは、「もうこのまま定年までしがみついて、甘い汁を吸い尽くそうか」と思っていたくらいでしたが、それを会社側が許している側面もあるのです。そういう社員が大勢いても、日本の会社はなお過去最高益を更新しているのですから、本当にたいしたものだと思います。

ただ、それも「いつまで持つか」ということは、常に頭に置いておくべきでしょう。

これから10年先、つまり、大企業に勤めている50歳から上の年代の人たちまでは、おそらくセーフです。このベネフィット（利益）を十分に活用できます。

本当は、そんな既得権を喜んで使うようなビジネスパースンになるのはよろしくないことですし、大企業に勤務している人限定ではありますが、いよいよどうしようもなくどん詰まってしまったら、「最後の最後まで会社にしがみつく」という選択肢は残されています。それこそ定年延長の権利は思う存分使ってください。再雇用でもなんでも、とにかく使えるものは使うこと。こうして少しでも給料を得て、老後の生活の足しにするのです。
「カッコイイ生き方」からはほど遠いかもしれませんが、でも、50代を生きていくなかで、「どうしても、自分でやりたいことが見つからない」「かといって、自分は役員コースに乗れるだけの実力がない」となれば、残された道はこれしかありません。

ただし、これが通用するのも、あと10年くらい。

多くの日本企業はこれからいっそう、非常に厳しい国際競争にさらされます。そういうなかで生き残っていくためには、やはり高収益体質を確保していかなければなりません。しかも、ますますコンピュータの発展にともなうIT化、ロボット化が進んでいくでしょう。

２０１６年1月に発表された「世界経済フォーラム」の分析報告書によると、ロボットや人工知能（ＡＩ）の発達により、２０２０年までに世界15の国・地域において、約５１０万人が職を失うという分析結果になったそうです。正式には、７１０万人の失業者が出る一方で、２００万人分の新たな雇用が生まれるため、差し引きで５１０万人の失業という数字が出たそうです。

この数字のバランスを見てもわかるように、失業者が大量に出る反面、その受け皿となる新たな雇用の創出力が非常に弱まっている印象を受けます。かつて、大企業といえば大きな工場を建設し、モノをつくることを通じて大勢の雇用を発生させましたが、今の時代は工場もロボット化が進んでおり、ＩＴ産業は少人数でも仕事ができるところに特徴がありますから、ますます雇用の創出力は落ちていきます。

つまり、あと10年もすれば、日本の大企業も余分な雇用を抱え込むゆとりがなくなるということです。だから、大企業に寄生《きせい》する生き方をするならば、あと10年程度しかないのです。

本気の人しか結果は出せない

仮に定年後に独立して、なにかビジネスを立ち上げようと考えているとします。今一度、よく自問自答してみてください。「自分は本当に、この仕事をやり抜こうと思っているのか」と。

私の知人の話をしましょう。私よりも年上ですが、彼が50歳のとき、とある事情から借金の連帯保証人になりました。ところが、お金を借りた人が結局、この借金を返済できなくなってしまったのです。

その後の顚末《てんまつ》はご想像の通りです。連帯保証人ですから、借りた人に代わって借金を返済しなければなりません。一部上場の大企業に勤めていたので、連帯保証人になる資格は十分だったわけですが、借金の総額が大きく、普通のサラリーマンである彼にはとても返済できませんでした。

それからどうなったのでしょうか。連日のように、会社に借金取りがやってきたそうです。同僚からは奇異な目で見られる日々。会社に居にくくなり、結局、辞表を出してしまいました。

当時、これからどうするのかと訊いたら、ひとこと「ラーメン屋でもやろうかな」と言いました。

「ラーメン屋でも、」

「ラーメン屋でも？」

「ラーメン屋をやる」という確たる言葉ではなく、「ラーメン屋でも」です。真剣味がまったくないことが、その言葉からわかりました。

そのラーメン屋を経営し、命がけで商売繁盛のために努力をしている人たちは山のようにいます。そのなかで競争していかなければならない。それなのに、「ラーメン屋でもとはなにごとだ」と、私は怒った記憶があります。

独立して、なにがしかの結果を残すのであれば、中途半端な覚悟ではダメです。なにがあってもやり抜く覚悟がなければ、真剣になれませんし、協力してくれる人も見つかりません。

本章では、大手金融機関を退職してから起業し、順調にビジネスを展開している先達《せんだつ》について書かせてもらいました。お二人とも、資産運用の世界で長いキャリアを積み、かつ世の中の大勢の人たちに投資や、お金の知識を広く知ってもらいたいという強い想いがあったからこそ、現在のような個人としての成功があるのだと思います。

独立して立ち上げた会社をどこまで大きくしたかとか、どれだけ大きな利益を上げたかということとは、また別の問題です。利益などというものは、自分たちが食べていけるだけのものを稼げれば十分だと思います。それ以上に大事なのは、世の中にほんの少しでも「お返し」ができたかどうかです。それを実現するためには、「自分はこれをやるんだ」と決めたことに対して、本気の覚悟で取り組まなければ現実は動きません。

定年は人生のゴールではない

本章の最後に、これだけは言っておきたいと思います。

「定年は絶対に人生のゴールではない」

50歳になって、私の同年代の人と呑んでいても、話題になることといえば、「この10年をどう過ごせばよいのか」ということです。

どうするつもりかと訊くと、「あと10年、流されていくだけだね」。

このような考え方の人は、けっこう多いのではないでしょうか。

でも、よく考えてみてください。どうして、定年を人生のゴールのように捉えるのでしょうか。冒頭でも触れましたが、日本人の平均寿命は年々延びています。80歳で亡くなるとしても、60歳からまだ20年もあるのです。自分が生まれてから成人するまでと同じ時間です。それを想像すると、20年がいかに長いかと思わずにはいられません。

定年は、長い人生の単なる通過点でしかなく、ただ、学校を出てからずっと続けてきた会社員の生活が終わるだけです。

会社員生活はおよそ40年にも及びますから、小学校、中学校、高校、大学といった学校生活などと比べても、はるかに長い時間を過ごしたのは事実です。すべてのものを与えられてきた学生生活に比べて、会社員生活は自分が世の中に付加価値を提供しなければならないだけに、シビアで過酷な時間であったことも事実でしょう。

しかし、それで燃え尽きてしまうのは、あまりにももったいないと思いませんか。

私の父親は、60歳で定年を迎えたあと、再就職をすることもなく、今も自宅の居間でテレビを観るだけの生活を送っています。私の友人のジャーナリストの父親も、似たような生活ぶりだそうです。おそらく、高度経済成長期を生き抜いてきたビジネスパースンの多くは、定年を迎えると似たようなパターンの生活をして、天に召されるのを待っているのかもしれません。

それ、カッコイイ人生だと思いますか？

現役を引退したら、あとは静かに孫の面倒でも見ながら余生を過ごす——。平均寿命が65歳程度のころの話ならまだ理解できます。引退して、残りの時間があと5年程度なら、あくせく働く必要はどこにもありません。ゆっくり余生を過ごさせてあげたいと、私自身も思います。

でも、これからの時代は違います。今の50代には、定年になってから20年以上もの時間が残されているのです。昔に比べて栄養状態もよく、病気だって早期の段階で発見し、かつ治癒できるだけの医学の進歩もあります。今の60歳なんて、20年前、30年前の50歳くらいにしか見えません。まだまだ、世の中に〝なにか〟を提供できるだけの時間とエネルギーは十分にあるのです。

大学を卒業する22歳までは、もっぱら人から与えられる期間です。

それが社会人になり、定年を迎えるまでは、自分のために稼ぐのと同時に、仕事を通じて、世の中に貢献する期間です。

定年してからの二十数年は、世の中に与えていく立場で過ごす期間と考えていいのではないでしょうか。

50代は、そのための準備期間です。自分がこれまで約30年の社会人生活で培《つちか》ってきたエクスパティーズを活かし、なにができるのかをしっかりと考える。そんな期間だと思います。

私は今、50代の真っ只中にいます。今まで携わってきた長期投資を世の中に広めていくという仕事を通じて、60歳以降も世の中に貢献していきたいと考えています。それぞれの分野で、そういう50代が一人でも増えれば、今の日本の閉塞感《へいそくかん》もなくなるのではないかと信じています。

第3章　50代の資産運用法

今、いくらありますか？

さて、50歳になったあなたには今、どのくらいの資産がありますか。

第1章でも触れましたが、金融広報中央委員会の平成27年調査によると、50代の金融資産平均額は1941万円で、中央値が1100万円でした。

もちろん、1100万円よりも少ない人だって大勢いることでしょう。これも先に触れましたが、フィデリティ退職・投資教育研究所の調査によると、勤労者3万人を対象にしたアンケート調査において、50代男性の32・1％、50代女性の28・6％が、退職後の生活準備額が0円という結果になっていました。

男女ともに約3割の人たちが、退職後の生活に必要なお金を持っていない——。この現実は、非常に厳しいものだと思います。老後の生活において、持つ者・持たざる者の格差は今後、ますます広がりを見せることになるでしょう。

でも、実際にこれは計算してみるとわかるのですが、「貯蓄ゼロ」は論外として、それでは老後資金が5000万円あったら安心かというと、これが大丈夫そうで、意外とそうでもない、という現実があります。

前提条件を考えてみましょう。今の50歳が定年を迎えるころには65歳定年制が定着していると考えて、65歳で定年を迎え、そこから公的年金の支給を受けて生活するとします。とはいえ、公的年金だけでは生活が苦しいので、それまで積み上げてきた老後資金5000万円（退職金含む）から毎月15万円を引き出して使ったとしましょう。その場合、はたして5000万円は何年間持つのでしょうか。

ちなみに5000万円は運用せず、預貯金にしてあると仮定します。預貯金の利率は現状、ほぼ0％に近い水準なので、ここでは利息を無視して計算します。

毎月15万円ずつ引き出すということは、年間に直した場合の引き出し額は180万円です。この180万円を、5000万円から引き出していった場合、27年後の残金が140万円です。もっと正確にいうと、27年と10ヵ月目には、残金がマイナスになります。65歳からの27年10ヵ月目は、およそ93歳です。男性の平均寿命は大きく超えていますが、女性の平均寿命からすれば、93歳まで長生きしてもなんら不思議はありません。

高齢者になっていちばん悲惨なのは、まだ生きているのに生活資金が底を突いてしまうことです。とくに、男性よりも長生きする傾向のある女性にとっては、なおさらのことでしょう。夫が先に亡くなれば、女性の年金額は、夫婦二人で受け取っていたときに比べて支給額が大きく減額されます。

夫婦で厚生年金を毎月20万円受け取り、そこに15万円ずつを取り崩して生活費に充てていったとすれば、毎月の生活費は35万円を確保できます。この水準を維持できれば、必要にして十分な金額ではありますが、やがて夫が先立てば、妻が受け取る年金額は減額されてしまいます。高齢者の独り暮らしともなれば、どこかの段階で施設に入所することも考える必要があるでしょう。少しでもいい施設で質の高い生活を送りたいと考えたら、やはりある程度まとまったお金は必要になります。

さて、50代の金融資産平均額である１９４１万円。現実には、退職金も含めて65歳時点でやっとこの水準に届くかどうかという家庭も多いのではないでしょうか。

全部を現金化したと仮定して、ここから毎月15万円を差し引いたとしたら、10年が経過した時点での残金は１４１万円。10年と10ヵ月目には、残高がマイナスに。65歳から公的年金と貯蓄の取り崩しで生活した場合、75歳と10ヵ月目に底を突くことになります。そこから先は公的年金だけに頼る生活です。そのうえ、前述の通り、夫に先立たれた妻は公的年金の額も減らされるわけですから、ますます生活は苦しくなってしまいます。

この現実を目の当たりにすれば、やはり資産形成はしっかりやらざるをえません。とりわけ50歳になって、まだ貯蓄額がほとんどないという人にとっては、老後資金を殖やすラストチャンスが〝今〟だといえると思います。

貯蓄ゼロから運用で100歳まで

そもそも、50歳にもなって貯蓄額がゼロであること自体、「今までなにをしてきたの？」というのが正直な気持ちです。しかし、そういう人が男女合わせて3割もいるとなると、やはりこれは看過できません。

公的年金の支給開始が65歳として、50歳から資産形成をスタートさせれば、15年という時間を有効に活用できます。これなら毎月切り詰めて頑張れば、65歳までにある程度の老後資金を築くことは可能です。

論より証拠。実際に数字を見て考えてみましょう。

目標額を、仮に2000万円としましょう。65歳までに2000万円をつくるためには、毎月いくらの積み立てが必要なのかを計算します。

前述したように、今は「マイナス金利」という異常事態ですから、預貯金で積み立てたとしても、利息はほとんど生まれません。この金利水準で15年間、月々10万円を積み立てたとしても、65歳になったときまでに貯まるお金の額は1800万円です。

では、年平均3％で運用できたと仮定して、同じように月々10万円を15年間、積み立てた場合、65歳の時点でどのくらいの資産が築けるでしょうか。これを計算すると、2275万400

0円です。もし年平均利回りが4％だったら、2469万1000円になります。金利が3〜4％上乗せされるだけで、15年後の運用成果にはこれだけ大きな差が生じるのです。

なんとか無理をすれば、65歳までの15年間で2000万円超の資産を築くことが可能だと、おわかりいただけたかと思います。

見方を変えれば、運用する期間が長ければ長いほど無理をしなくてもいいことになります。

たとえば、35歳から積み立てをスタートさせたとしましょう。年平均利回りは3％を想定します。毎月10万円ずつ積み立てられれば、それこそ30年後の資産額は相当なものになるでしょう。計算してみると、実に5841万9000円です。

そこまでの資産額を望まなければ、毎月の積立金額はさらに抑えられます。仮に月々の積立金額を4万円にしたとしても、30年後の総資産額は2336万8000円です。

「投資は時間を味方につけるのが大事だ」といわれる理由がここにあります。資産形成の期間は、10年よりも20年、20年よりも30年というように、長くすればするほど、無理せず資産を築くことができるのです。だからこそ、本当ならば若いうちから積立投資を始めることをおすすめします。

もちろん今回は、50歳以降の方をターゲットにした本なので、50歳で貯蓄ゼロの人が65歳の定年までにある程度の資産を築くにはどうすればいいのか——という視点で話を進めています。

本当なら、15年程度で資産を築くなどという無謀な考え方はおすすめしません。それでも「15年あってよかったね」といえるのですが、できれば資産形成は、30年くらいの期間を前提にして考えるべきものです。

そこで、50歳から資産形成を始める方におすすめしたいのが、65歳を資産形成のゴールに定めるのではなく、自分の生涯を通じて運用を継続する、というスタンスです。仮にゴール設定を90歳まで後ろにずらしたら、50歳で運用をスタートさせても実に40年もの運用期間があるのです。

突飛な意見だと思うでしょうか？

世界中の投資家の尊敬を一身に集めているウォーレン・バフェットが御年86歳、そのパートナーであるチャーリー・マンガーが92歳で、ご両人とも今も現役で投資活動を行っています。それを考えれば、90歳まで運用を継続するのは、困難なことというより私たちの目指すべき未来だといえるでしょう。

たしかに、ウォーレン・バフェットとチャーリー・マンガーが共同で運営している投資会社、バークシャー・ハザウェイは、対象となる会社を選別して投資するので、企業選別に必要な情報収集などの手間と高度な投資判断を要します。しかし、これから私が説明していく投資法は、「ほったらかし投資」とでもいうべきもので、バークシャー・ハザウェイの投資に比べれば、格段に楽な方法です。この方法を用いれば、普通の人でも90歳まで運用を継続することが十分に可能だと思います。

次のようなパターンを想定してみましょう。

①50歳時点の貯蓄額は０円。
②65歳まで毎月10万円ずつ積立投資。
③年平均の運用期待利回りは３％。
④65歳まで積立投資をしたあと、それを原資にして毎月一定額を引き出す。
⑤毎月の引き出し額は15万円。残金はそのまま運用を継続する。

さて、以上の条件で運用した場合、お金がどのように推移するのかを計算してみます。
まず、65歳までにつくれる貯蓄額は、２２７５万４０００円。
次に、２２７５万４０００円を原資にして、そこから毎月15万円ずつ引き出しながら、同じく年平均３％で運用できたなら、15年11ヵ月間はお金が持つことになります。つまり、約81歳まではなんとか残高を維持できるのです。

でも、昨今のように長生きが当たり前になった時代において、80歳と11ヵ月で寿命が尽きるかというと、少々微妙です。もう少し長生きする可能性も想定して、もう少し、なにか工夫をする必要があります。具体的には、毎月の取り崩し額を減らすか、月々の積立金額を増額するか、あるいはリスクを取って、より高いリターンが期待できるものに投資するかのいずれかです。

たとえば、毎月の取り崩し額を10万円に抑えたとしましょう。それだけで、引き出し可能期間は28年1ヵ月まで延びます。65歳から引き出しを開始したとすると、93歳と1ヵ月まで引き出せることになります。これならだいぶ、お金が持つでしょう。

さらに、運用利回りを1％引き上げてみましょう。これだけで、35年と7ヵ月間、お金が底を突かずに済むようになります。65歳から引き出しを開始したとすると、なんと100歳まで原資が持つ計算になります。

運用は死ぬまで続ける

多くの人は、定年を迎えると、なにかすべてのことが「ゴール」だと勘違いしてしまいがちです。文字通りの勘違いです。定年になって人生が終わるわけではありません。前述したように、定年後から本格的に、これまで自分たちがお世話になった社会に対して恩返しをする期間に入っていくのです。ただ社会から受け取りっぱなしで死んでしまっては、もったいない。

定年は、けっして人生のゴールではありません。

資産形成も、定年時がゴールではありません。

多くの人は、定年を資産形成と運用のゴールと定め、それまでに2000万円、あるいは5000万円用意しなければ……と、まとまったお金をつくろうとします。そして定年を迎えたら、それ以降は資産を取り崩して使っていくものだと思い込んでいます。

この考え方に、私は断固として異議を唱《とな》えたいと思います。どうしていろいろな意味で、定年を人生や資産運用のゴールと決めつけたがるのでしょうか。

仮に65歳で定年を迎えるようになったとしても、そこから90歳まで生きるなら、まだ残り25年の人生が残されているのです。25年あったら、本当にいろいろなことができます。お金も必要です。より積極的に生きていくためには、定年をゴールに設定するのではなく、まさに自分がこの世から去る瞬間を、〝ゴール〟に設定するべきでしょう。

もし、非常に努力をして、定年となる65歳の時点で5000万円の財産ができたとします。これは強いですよ。もし運用を続けながら95歳まで生きると仮定したら、毎月いくら引き出せるでしょうか。年平均利回りを3％に設定して計算すると、毎月21万1000円も引き出せることになります。公的年金が毎月20万円だとしたら、両方合わせて月41万1000円というお金を使えます。

また、同じ5000万円を年平均3％で運用し、毎月15万円ずつ引き出したとすると、このお金は59年10ヵ月持ちます。65歳を起点にすると、なんと124歳まで持つ計算になります。人間の細胞は、どうやら１２０歳までは持つらしいのですが、さすがにこの年まで長生きできる確率は、非常に低いでしょう。つまり、もし５０００万円の資産をつくることができたとしたら、ほぼ人生は安泰だと考えられます。

「いや、５０００万円も必要ないのだけれども、１００歳まで生きることを前提にして、どのくらいのお金を65歳の時点でつくっておけばよいかを知りたい」

そう考えている方もいると思います。年平均３％で運用し、65歳から毎月15万円ずつ引き出して、１００歳の時点で残高がほぼゼロ円になる原資の額は、３９００万円です。約４０００万円弱のお金を65歳までにつくることができたら、ほぼ一生涯を通じて、少なくとも金銭的には安心してもいいと考えられそうです。

「長期投資は永遠です」

私は日ごろ、長期投資についてセミナーや講演会で話をする機会が多いのですが、参加者からの質問で、必ずあるのがこれ。

「長期投資って、具体的にどのくらいの期間、運用すればいいのでしょうか？」

デイトレードだと1日、スイングトレードだと数日から数週間などというように、短期のトレーディングには期間のおおまかな目安があるようです。しかし、長期投資の場合、具体的にこのくらいの期間を運用すれば長期投資、などという基準がありません。解釈はさまざまです。マーケットにおける長期金融、短期金融の別でいえば、1年以上の期間でお金の貸し借りをするのが長期金融で、1年未満の期間でお金の貸し借りをするのが短期金融という分け方ができます。

すると、長期とは1年以上のこと？

でも、国債については、償還までの期間が1年以内だと「短期国債」、5年以内だと「中期国債」、10年で「長期国債」と称されます。

すると、長期は10年？

このように考えていくと、いったい全体、長期とはどのくらいの期間を指すのか、わからなくなってきますね。そこで、私はこう考えます。

「長期投資の期間は〝永遠〟です」

このように言うと、今度は必ず、次のような質問が飛んできます。

「それって、ずっと自分が死ぬまで投資していろということですか。大きくお金が殖えても、それを自分で使うことはできませんが、それでいいのですか」

まあ、想定の範囲内です、この手の質問は。そこで、このようにお答えします。

「別にいいのですよ、自分で全額使わなくても。もし、お子さんがいらっしゃるなら、あなたがつくった資産をベースにして、次の世代がそこに再び資金を積み立て、運用していく。子どもの次は孫に引き継がれ、また同じように積立投資を継続していく。同じことを2代、3代、5代と続けていったら、これは莫大な財産になります。あなたの5代後に、あなたの家系は日本を代表する、ものすごい資産家になっているかもしれません」

別にいいのです、自分が使わなくたって。

ところが、「自分が使わなければ損をする」というメンタリティの方は、大勢いらっしゃいます。たしかに、自分が汗水たらして稼いだお金ですからね。自分で使わず、まだ見たこともない、というか、永遠に見ることのない何十年、何百年も先の子孫のためにお金を残そうといっても、あまり現実味を感じられないだろうと思います。

でも、だからといって、「自分で貯めたお金は全部、自分が使う」というのも、少し品がないように思えます。

「独身者はどうすればいいの？」

それは、寄付してしまえばいいのです。

世の中には、お金を必要としている人が大勢います。それは、日本国内だけではありません。海外に目を向ければ、国が貧しくて日々の食料も満足に手に入らない国や、教育水準が低く、これから学校や教科書、先生を必要としている国など、いろいろです。そういう国に、しかるべき機関を通じて寄付してはいかがでしょうか。

定年になったら、世の中にお返しをする仕事をする、といいました。お金もそれと同じです。自分がこの世とお別れをするとき、もしも使い切れないお金が残るのなら、世の中に還元してしまえばいいのです。お金は天下の回りもの。それが正しい使い方ではないでしょうか。

だから、「長期投資に終わりはない」のです。

年平均3%で運用するには？

この低金利の時代に、年平均3%での運用が可能か。ここがひとつの目標水準になるといえますが、個人が、この期待リターンのポートフォリオを適切に組むのはなかなかたいへんです。

資産運用の基本は「分散投資」です。分散投資というのは、さまざまな資産クラスに分散して投資する「資産クラス分散」と、タイミングをずらす「時間的分散」とがありますが、まずは資産クラス分散について説明しましょう。

資産クラスとは、「国内株式」「国内債券」「外国株式」「外国債券」「コモディティ」など、資産の種類のことです。

実際、これらの資産からどの程度のリターンを得られるものでしょうか。

改めていうまでもなく、国内株式や外国株式は、「株式」という資産クラスに投資するため、将来のリターンがどうなるのかは、わかりません。したがって、過去の値動きから計算した平均値をベースに、どの程度のリターンが想定されるのかを計算します。これが「期待リターン」です。

資産クラス別の過去平均リターン実績はどの程度なのかを、いくつかのサイトで調べてみました。2001年から2014年までの13年間の年平均値で比較すると、次の通りでした。

国内株式＝3・8％
J−REIT（不動産投資信託）＝11・6％
国内債券＝2・0％
先進国株式＝7・5％
新興国株式＝14・0％
海外REIT＝13・6％
海外債券＝7・2％
米国債券＝5・4％
米国ハイ・イールド社債＝9・5％
新興国債券＝10・3％

コモディティ（商品先物）＝7・4％

13年間投資した場合の年平均リターンは、いずれもプラスです。

ただ、ひとつだけ注意しなければならない点があります。それは、年によって大きくプラスになったり、大幅なマイナスになったりしていることです。

たとえば、日本株は東証株価指数（ＴＯＰＩＸ）を用いていますが、過去13年間で最も高いリターンを上げたのは２０１３年で、上昇率は45・５％。逆に、リーマンショックが起こった２００８年は、47・０％のマイナスです。いうまでもなく、リーマンショックによって株価が急落したからです。

また、過去13年間の平均リターンで比較すると、日本株の３・８％に対して、Ｊ－ＲＥＩＴは11・６％と高いものの、２００８年のリーマンショック後のリターンは、60・５％のマイナスまで大きく落ち込んでいます。ハイリターンの裏側にはハイリスクがあることの典型例です。

これに対して国内債券のリターンは、ほぼ全期間にわたってプラスを維持しています。ここで取り上げている資産クラスのなかでは最も年平均リターンが低いのですが、マイナスになったのは２００３年のマイナス０・７％だけです。

これが投資の難しいところです。年間で10％以上のリターンが期待できる投資対象は、前出の数字を比較してもわかるように、探せばけっこうたくさんあるものですが、ハイリターンが期待できる投資対象は、一方で大きく損をするリスクもあります。

個人が資産を運用する場合、ほかの人と運用利回りを競争する必要がないので、自分のペースで運用できます。ところが機関投資家など、資産運用のプロフェッショナルになると、常に他の運用会社とリターンを比較されます。そして、リターンの低い運用会社は、運用の委託が受けられなくなってしまいます。そのため、無理をしてでも高いリターンを上げようとし始めます。それは過大なリスクを取っているのと同じことなので、マーケットの動向次第では大きな損失を被《こうむ》ることにもなりかねません。

だから、個人のようにほかの投資家と競争せずに運用できることは、それ自体が大きな強みになります。

個人が長期で資産を運用するのであれば、無理して10％、15％という高いリターンを追求する必要はありません。前述したように、年3～4％程度のリターンを平均的に維持できれば、定年後も生活に困らない程度のキャッシュフローを生み出すことができます。その分、過度に高いリスクを取らずに済みます。

過度のリスクを避け、年平均3～4％のリターンを維持するには、複数資産への分散投資が有効です。代表的なのが、国内外の株式、国内外の債券に分散して投資する4資産分散投資です。

ポートフォリオは「リバランス」が必要

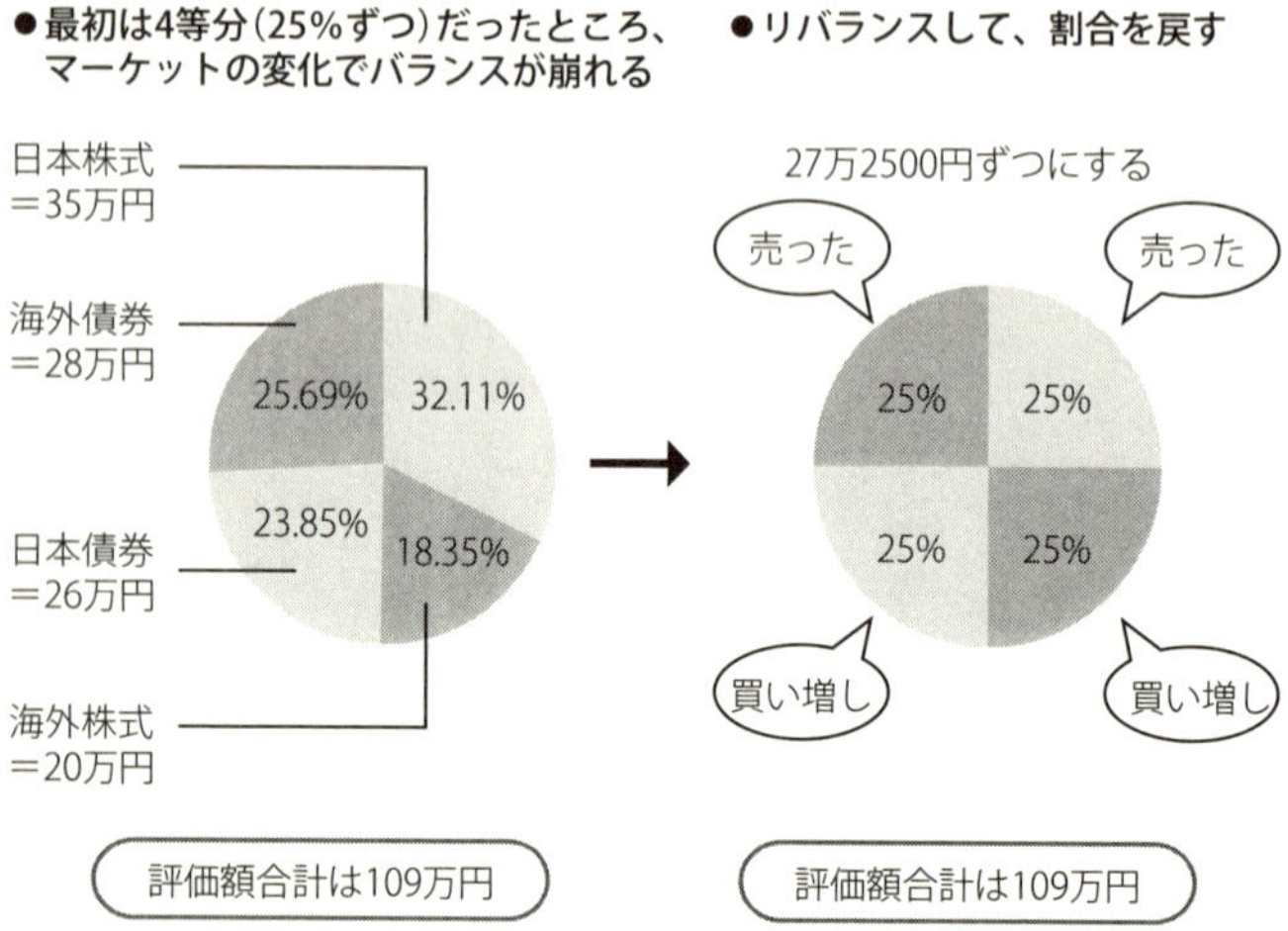

資産クラスを分散させるメリットは、たとえば国内株式が値下がりしても、外国株式が値上がりする、もしくは国内債券が値上がりすることによって相殺《そうさい》し、国内株式の値下がりリスクを軽減できる点にあります。前出の各資産クラスは、それぞれが同じ値動きをすることもありますが、異なる値動きをすることもあります。

たとえば、国内株式が下落する場合は大概、国内債券の価格は上昇するため、国内株式の値下がり損を国内債券の値上がり益である程度カバーできます。これが資産クラスに分散投資することの効果です。

そして、異なった資産クラスの集合体が「ポートフォリオ」になりますが、これを個人が自分で組むとなると、かなりの手間がかかります。また、マーケット状況の変化に応じて、「リバランス」という資産構成の見直しをする必要もあります。これを個人で行うのはかなりの負担になります。そうした一連の作業を、個人の代わりに行ってくれるのが「投資信託会社」です。

投資信託会社もたくさんあるので、手前味噌で恐縮ですが、セゾン投信のファンドを例に説明します。セゾン投信では「セゾン・バンガード・グローバルバランスファンド」といって、世界中の株式に50%、世界中の債券に50%を振り分け、新興国も含めた世界各国の株式、債券市場に分散投資するファンドを扱っています。

このファンドの運用理念は、世界の経済成長にみなさんのお金を乗せていっしょに成長させるというものです。

世界の経済成長は、各国の経済成長率を積み上げた成果のことです。主要国の経済成長率は次の通り。いずれも2015年の数字です。

日本＝0・47%
米国＝2・42%
ドイツ＝1・45%
イギリス＝2・24%

オーストラリア＝2・47％
中国＝6・90％
韓国＝2・59％
アラブ首長国連邦＝3・93％
ブラジル＝▲3・84％

こうした国々の経済成長率を合成して、世界経済の成長率が計算されるわけですが、幅広く世界中の株式、債券に分散投資すれば、世界経済の成長率とほぼ同程度のリターンが期待できるはずです。ちなみに、ここ4年間の世界経済の成長率は、次の通りです。

2013年＝3・4％
2014年＝3・4％
2015年＝3・1％
2016年＝3・1％（推定値）

これらの数字は、2016年7月時点のIMF（国際通貨基金）見通しです。

投資信託とは？

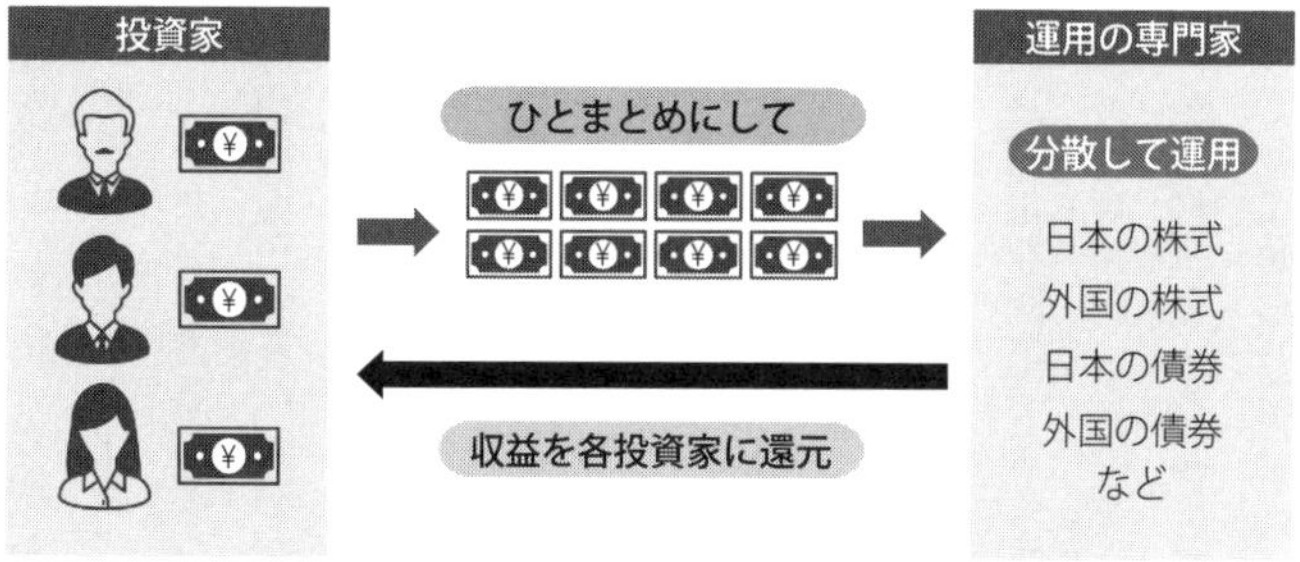

複数の投資家から預かった資金をまとめ、運用の専門家（ファンドマネジャー）が投資家の代わりにさまざまな資産に分散して投資する金融商品

直販（直接販売）とは？

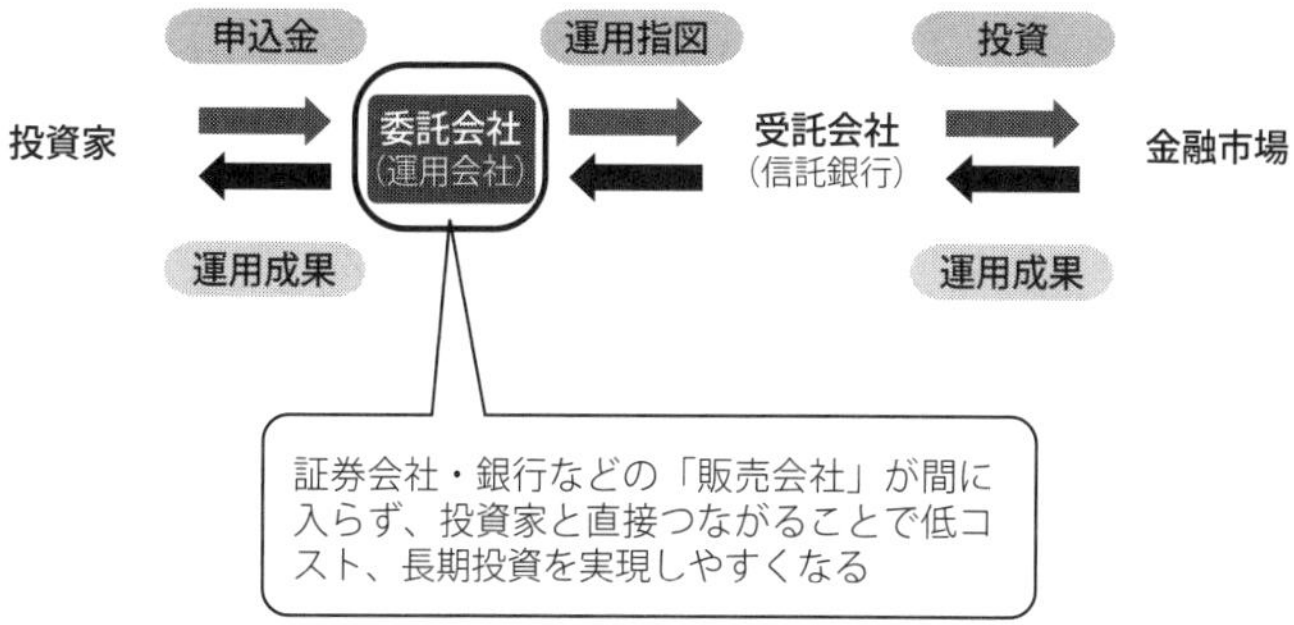

推定値を含め、この4年で見ても、3％以上の経済成長率を維持していることがわかります。これが、年平均3％リターンで前出のシミュレーションをした理由です。

ちなみに、セゾン投信が扱っている「セゾン資産形成の達人ファンド」の運用実績は、2016年7月29日現在の基準価額が1万5187円。2007年3月15日の運用スタート時の基準価額が1万円で、9年が経過しています。この間、リーマンショックやギリシャの財政破綻、中国の経済危機、イギリスのEU離脱問題など世界を揺るがす危機が次々起こりましたが、設定来の年換算収益率は4・58％（概算値）を維持しています。

積立投資の効用

積立投資は、普通の生活者が財産を築いていくのに不可欠な投資法だと思います。

ただ、「積立投資は無意味」という意見があるのも事実です。

「投資は将来、価格が上がることを前提にしているのだから、わざわざ積み立てで投資をする意味はない。適正な価格でまとまった資金を投じたほうが、リターンは高くなる」「〝ドルコスト平均法〟が投資対象のリスクを軽減させるというのはまやかしだ」という意見も少なくないのです。たしかにおっしゃる通りで、私自身も、定期定額で投資する「ドルコスト平均法」が万能だとは思っていません。

投資用語に慣れていない読者の方もいると思いますので、まずは、ドルコスト平均法とはなにかについて、簡単に説明しておきましょう。

これは毎回、一定金額で投資することによって得られる投資効果のひとつです。たとえば毎月1万円などと、一定金額で同じ投資信託を買い続けると、投資信託の基準価額が安いときには買付口数が増え、基準価額が高いときには買付口数が減ります。

投資信託の基準価額は日々、上下動を繰り返しています。そのため、口数が多くなる月もあれば、少なくなる月もあります。それを長期にわたって繰り返すと、だんだん平均の買付単価が下がっていきます。なぜなら、相対的に安値で買った口数が多くなる反面、高値を掴《つか》んだ口数が少なくなるからです。

平均の買付単価が下がるということは、基準価額が底を打って上昇に転じた際、仮に基準価額が下げ始めたときの水準まで戻らなかったとしても、投資元本を回復できます。これが、ドルコスト平均法の最大の効果です。

もちろんそれは資金コントロールの妙であって、投資対象自体のリスクが軽減されているわけではないので、その点には注意が必要です。また、投資とは将来の成長を買う行動ですから、投資対象は基本的に値上がりすることを前提にしています。

しかし、投資対象の価格が時間の経過とともに上昇するなかで積立投資をすると、積み立て回数が後ろになればなるほど、買付単価は高くなっていきます。結果、平均コストが上がってしまい、全体を通じてのリターンは、最初に一括で資金を投じた場合に比べると落ちてしまいます。

ドルコスト平均法は、大きく下げて底を打ち、そこから上昇に転じるという局面ではその強みを発揮するのですが、右肩上がりに上昇が続く局面では、一括投資した場合に比べ、どうしてもリターンが劣後してしまいます。

それでも私は、積立投資は個人の資産形成には有効だと思っています。

投資は将来の成長を買う行為です。したがって今、投資するのであれば、月々の定額積み立てよりも、思い立ったそのときに全資金を投入して買ったほうが最終的なリターンは大きくなるかもしれません。

しかしながら、マーケットは常に上昇するものではなく、上がったり下がったりを繰り返しています。ある日突然、ＩＴバブルの崩壊や、リーマンショックのようなことが起こらないとも限りません。このようなマーケットの大暴落が起こると、個人は、えてしてショックを受けて投資をやめてしまいます。

でも、ドルコスト平均法は、長く続けることによって初めて効果を発揮するものです。1回の大暴落で投資することに懲《こ》りてやめてしまったら、なんの意味もありません。したがって、この手の下落ショックに耐えられる方法を考える必要があります。そのひとつが積立投資なのです。

ドルコスト平均法

❹ 常に一定金額で購入
❺ 常に同じ口数で購入
比較してみよう！

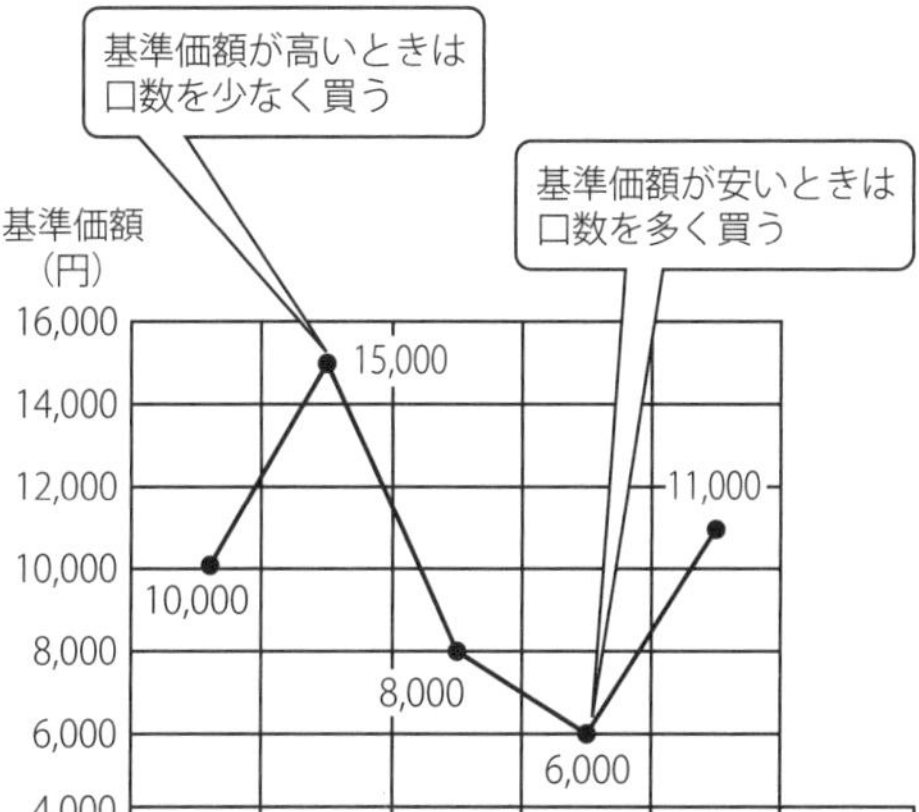

10,000口あたり
9,103円で購入

		1ヵ月目	2ヵ月目	3ヵ月目	4ヵ月目	5ヵ月目	合計
Ⓐ 毎月同じ金額で購入（ドルコスト平均法）10,000円ずつ積立投資	購入口数	10,000口	6,667口	12,500口	16,667口	9,091口	54,925口
	購入金額	10,000円	10,000円	10,000円	10,000円	10,000円	50,000円
Ⓑ 毎月同じ口数で購入 10,000口ずつ定期的に購入	購入口数	10,000口	10,000口	10,000口	10,000口	10,000口	50,000口
	購入金額	10,000円	15,000円	8,000円	6,000円	11,000円	50,000円

10,000口あたり10,000円で購入

毎月一定額で購入するほうが、平均単価を低く抑える効果が期待できる！

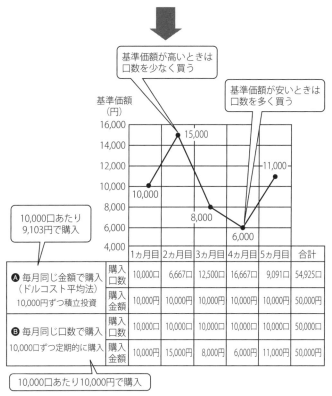

もう少し説明を加えると、毎月の積立投資によって、自分の買値がいくらだったのかがわかりにくくなります。これも積立投資のメリットのひとつだと思います。

というのも、自分の買値が明確にわかると、長期投資を前提にしているのに、ある程度値上がりしたところで売却して利益を確定させたくなったり、損失が出ているときは、「買値まで戻ったら売却しよう」などと考えがちになったりして、長期投資を阻害する行動に陥《おちい》ってしまう恐れがあるからです。しかし、積立投資によって自分の買値がわかりにくくなれば、買値を覚えていることから生じる弊害を取り除くことができます。

このような観点から、私は長期投資をする際、積立投資を組み合わせるのが有効であると考えているのです。

ところで、もし積立投資を実践するならば、金額ベースで見るのではなく、毎回買い付けられる「口数」を見るとよいでしょう。投資信託の積立投資をする場合、前述したように定額購入を続けることで、基準価額が下がったときに受益権の口数を多く買えるからです。つまり、基準価額が下がったときは口数を多めに買い付けられるので、心のどこかで嬉しい気持ちが生まれます。「下がってたくさん買えて嬉しい」わけです。

逆に基準価額が上昇に転じたら、今度は金額ベースで自分の資産総額を把握するようにしま

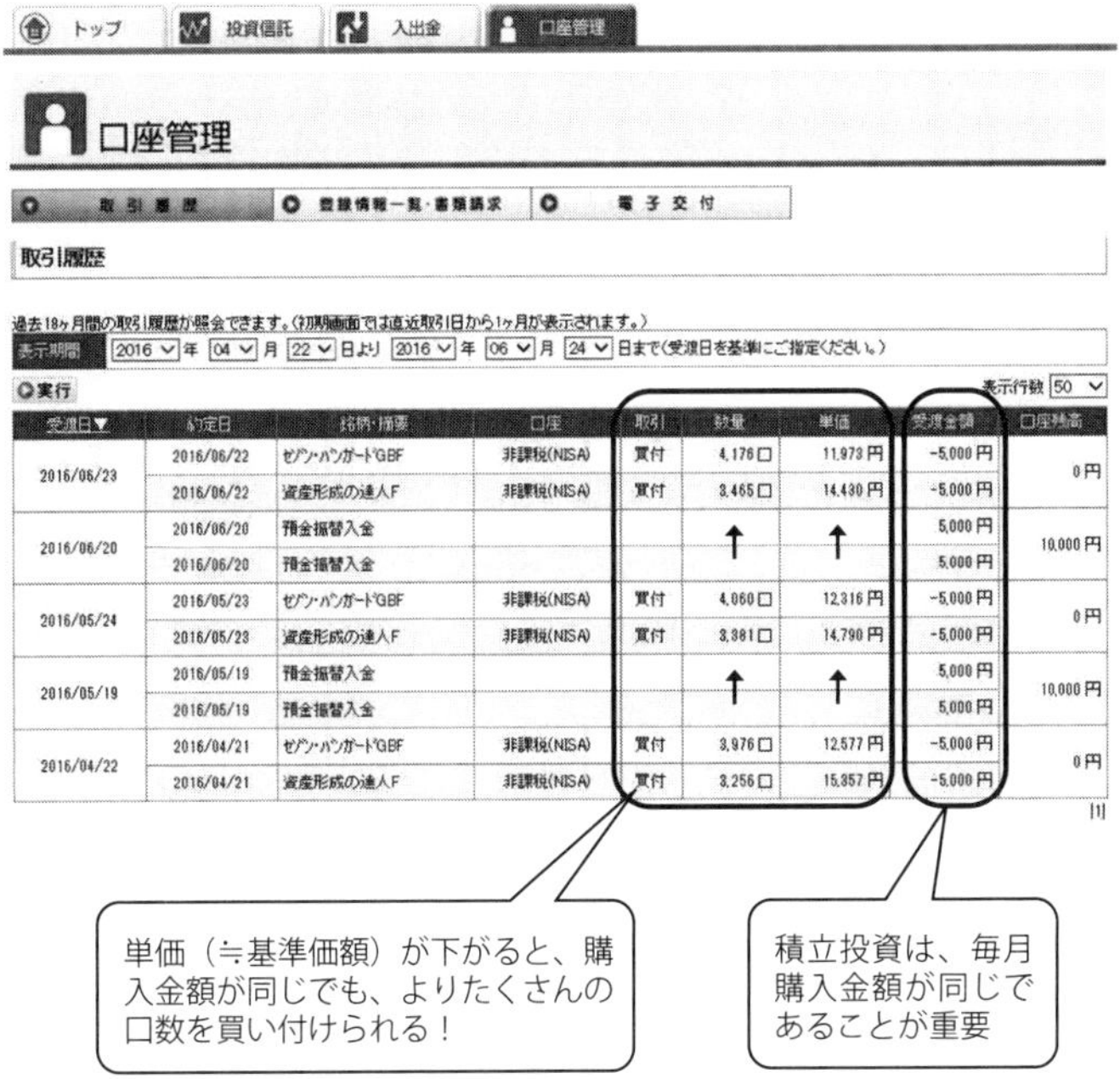

受渡日▼	約定日	銘柄・摘要	口座	取引	数量	単価	受渡金額	口座残高
2016/06/23	2016/06/22	セゾン・バンガード・GBF	非課税(NISA)	買付	4,176口	11,973円	-5,000円	0円
	2016/06/22	資産形成の達人F	非課税(NISA)	買付	3,465口	14,430円	-5,000円	
2016/06/20	2016/06/20	預金振替入金			↑	↑	5,000円	10,000円
	2016/06/20	預金振替入金					5,000円	
2016/05/24	2016/05/23	セゾン・バンガード・GBF	非課税(NISA)	買付	4,060口	12,316円	-5,000円	0円
	2016/05/23	資産形成の達人F	非課税(NISA)	買付	3,381口	14,790円	-5,000円	
2016/05/19	2016/05/19	預金振替入金			↑	↑	5,000円	10,000円
	2016/05/19	預金振替入金					5,000円	
2016/04/22	2016/04/21	セゾン・バンガード・GBF	非課税(NISA)	買付	3,976口	12,577円	-5,000円	0円
	2016/04/21	資産形成の達人F	非課税(NISA)	買付	3,256口	15,357円	-5,000円	

実際のセゾン投信取引画面より

す。すると、下がった局面でより多くの口数を仕込んでいますから、値上がりに転じたときの資産の増え方が、一段と速くなります。まさに「上がっても下がっても儲かる」投資信託の妙といえます。

　このようにすれば、マーケットが上がろうが下がろうが、常に楽しく積み立ての状況を把握できるようになります。

　とくに資産運用に慣れていない人が、長期投資を始めようとする場合、最も重視すべきことは、長期にわたって続けられる仕掛けをつくることです。ドルコスト平均法は、長期的に資産形成をしていくうえで強い味方になるので、資産形成をする場合はぜひとも利用していただきたいと思います。

長期投資には投資信託が最適

資産運用には、見てきたように「短期売買」と「長期投資」という2つの時間軸があります。

短期売買は、長くても数日、短いものになると数分程度の短期で、小刻みに売買を繰り返す方法です。超短期の「スキャルピング」、一日単位の「デイトレード」、数日から数週間程度の「スイングトレード」といった言葉を聞いたことがある方もいるでしょう。

これら短期売買は、個別株式、FXを対象に行うのが一般的です。小さな値動きの幅を利用して売買を繰り返し、利益を積み重ねていくため、1回の取引で動かす資金量が大きくなければなりません。そのため「レバレッジ」といって、投資する資金を借り入れ、元本を膨《ふく》らませたうえで取引を行います。

レバレッジを効かせてポジションを持つと、損失が出たときは損失額がその分大きく膨らむ恐れがあります。そのため、少しでも値下がりしたら、その時点で「損切り」をします。総じて短期売買は、素早い損切りによって大きな損失を被るリスクをできるだけコントロールする一方、利益も小さな値幅を積み重ねるというスタイルになります。

3種の短期売買の違い

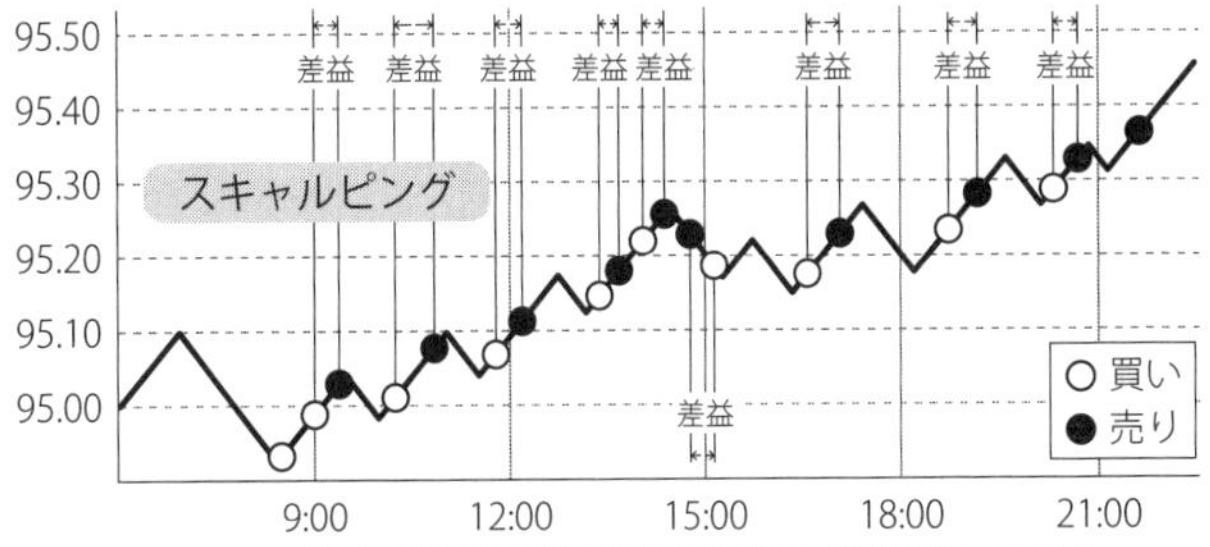

一定方向の最小時間単位での利益を薄く確実に狙っていく

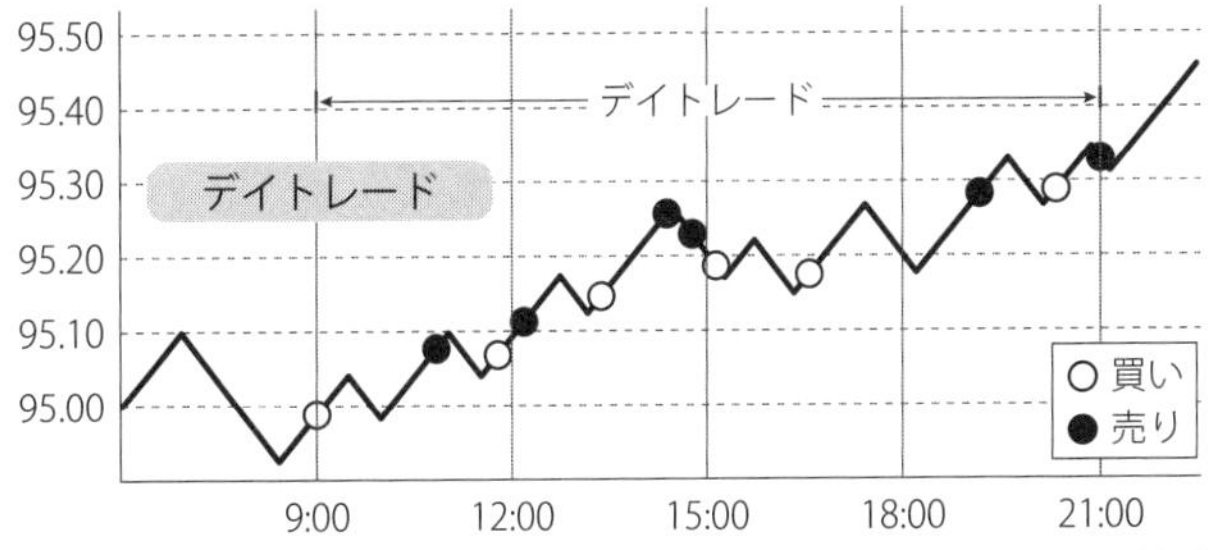

一日の中の値動きで取引を完結させ、ポジションを持ちこさないのが基本

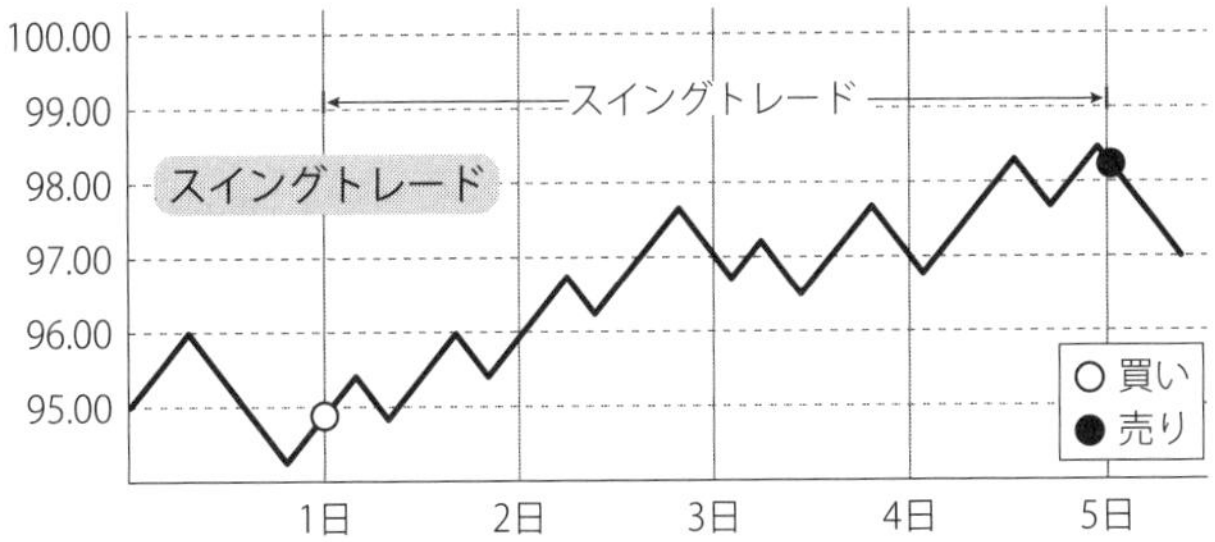

比較的大きな資金でチャートのひと波が終わるまで保有する、
数日から数週間程度の中期的なトレード

一方、長期投資は20年、30年という長い時間をかけて投資します。

長期投資を「持ちっ放し」の投資法と定義するなら、株式の個別銘柄投資もＦＸも、こうした長期投資には不向きです。

なぜなら、株式の個別銘柄投資の場合、適正な株価よりも安ければ買い、適正な株価よりも高くなれば、売って利益を確定させなければなりませんし、ＦＸのような為替取引には、そもそも長期投資という考え方自体が存在しないからです。

でも、持ちっ放しの長期投資に向いている投資商品があります。投資信託がそれです。

とくに個人が長期的に投資をする場合、投資信託が最も適していると私は思います。投資商品には株式やＦＸ、債券、投資信託など、さまざまなものがありますが、投資信託ならごく少額の資金で購入でき、かつさまざまな資産に同時に分散投資できます。個人が積み立てを活用して長期投資をするのにも向いています。

株式の個別銘柄投資は銘柄選びが難しいし、なによりもある程度の資金力がないと、複数銘柄への分散投資ができません。仮に複数の銘柄に分散投資できたとしても、日本株市場が総崩れになったときは、分散投資効果がほとんど働きません。すべて「日本株式」という括《くく》りのなかで、売られてしまいます。

なによりも、ポートフォリオ運用をするならば、日本株式以外に国内債券、外国株式、外国債券、ＲＥＩＴというように、幅広い資産に分散し、そのポートフォリオ管理もしなければなりません。個別銘柄投資は手間がかかるし、専門知識が必要です。

またＦＸは、そもそも長期投資をする対象ではありませんし、債券は、マイナス金利の導入で利回りが大幅に低下しており、長期の資産形成手段にするとしても、リターンの面で魅力がありません。

複数の投資商品について優劣を比較すると、投資信託が他の投資商品に比べ、個人の少額投資に向いていることがわかります。加えて投資信託の運用は、「ファンドマネジャー」と呼ばれるポートフォリオ管理のプロが行ってくれるので、購入したあと、放ったままにしておくこともできます。

このように投資信託は、ほったらかしの長期投資に最も向いている投資商品なのです。

ＦＸは長期投資に不向き

それでは、他の投資商品は老後の資産運用に適しているのかどうかを考えてみましょう。具体的には、ＦＸや株式の個別銘柄投資が、老後の資産形成に向いているのかどうか。

まずはＦＸ。「外国為替証拠金取引」というのが正式な名称です。

証拠金というのは、取引を行うための「担保《たんぽ》」のようなもので、ＦＸはこの証拠金を取引業者に収め、これをもとに最大25倍までのレバレッジを掛けて取り引きできます。たとえば証拠金として100万円を預託すると、最大2500万円までポジションを持てる、ということです。

それだけ100万円を効率的に運用できるわけですが、25倍のレバレッジを掛けてポジションを持った場合、リスクもそれだけ大きくなることには留意しておく必要があります。

外貨に投資する方法は、FX以外にも、外貨預金、外貨建て債券、外貨建て投資信託などがありますが、FXがほかの外貨建て金融商品と決定的に異なるのは、通貨そのものを取引の対象にしている点です。たとえば外貨建て債券は、為替レートの値動きで損益が左右されますが、取り引きするのはあくまでも債券です。外貨建て投資信託なら投資信託が取引の対象であり、それらの取引通貨が外貨建てになるだけのことです。したがって、その損益は為替レートに左右される部分もありますが、基本的に外貨建て債券なら債券、外貨建て投資信託なら投資信託の値動きが、損益に影響を及ぼします。

対してFXの場合、通貨そのものが取引対象になるため、損益の大半は為替レートの値動きに左右されます。FXは為替レートの値動きを狙って利益を追求する商品なのです。

ここで問題になるのが、為替レートは長期投資の対象たりうるか、ということです。

結論から申しますと、通貨は長期投資の対象になりません。

たとえば株式であれば、企業価値の増大が収益の源泉です。企業価値であるキャッシュフロー創出力が将来にわたって増大すれば、株価も上昇します。

しかし通貨は、それ自体が価値を増大させることはありません。為替レートは単に、異なる通貨の交換比率にすぎませんし、通貨はそれを用いてなにかを買うことで、初めて価値を発揮します。単にモノを買うための道具であって、それ自体が価値を増大させることはありません。

これは、原油や金などのコモディティも同じです。金は「資産のラストリゾート」などといわれ、ポートフォリオのなかに組み入れることを推奨《すいしょう》する人もいますが、金自体はなんら価値を生みません。株式は企業活動の結果、「配当金」を生み出しますし、債券ならクーポンレートが付与されていて、定期的に利子というキャッシュを生み出しますが、金にはそうしたことは起こりません。単に「価格」の上下動を捉えて売買するだけです。

このように通貨やコモディティは、みずから資産価値を増大させることがないため、その投資で利益を得るには、他者から利益を奪うしかありません。これは「ゼロサムゲーム」などといわれますが、自分の利益は他者の損失、自分の損失は他者の利益というなかで、収益を得ていく行為なのです。

それと同時に、通貨は単なる道具ですから、そもそも「フェアバリュー」という考え方が存在しません。

フェアバリューとは、「本質的な価値」「適正価格」のことです。企業の株価でいえば、その企業が将来稼ぎ出すキャッシュフローの予測値を現在価値に割り引くことで得られる、計算上の価格（理論価格）がこれにあたります。フェアバリューに対して現在の株価が割高になれば売りが出てきて、フェアバリューに近い水準まで値下がりします。逆に、フェアバリューに対して割安な水準に放置されていたら買いが入り、フェアバリューに近い水準まで買われます。

これに対し、通貨のようにフェアバリューがない投資対象は、「本質的な価値」がわからないので、需給バランスのみで価格形成が行われます。そのため、上昇トレンドになると買いが買いを呼び、その流れがしばらく続き、下降トレンドでは売りが売りを呼び、下降トレンドがしばらく続きます。

これは、過去10年程度のドル／円の値動きを見ても一目瞭然《いちもくりょうぜん》です。

①1ドル＝124円台（2007年6月）→95円台（2008年3月）
②1ドル＝95円台（2008年3月）→110円台（2008年8月）
③1ドル＝110円台（2008年8月）→87円台（2008年12月）
④1ドル＝100円台（2009年4月）→75円台（2011年10月）
⑤1ドル＝75円台（2011年10月）→125円台（2015年6月）

このように、一度大きなトレンドが発生すると、ひたすらその方向に動いていく傾向にあるのが、為替レートの値動きの特徴です。通貨にフェアバリューがないからこそ、この手の動きになりやすいのです。

では、こうしたトレンドがいつ発生するのかを事前に予測することはできるのかと問われれば、「それは不可能」と答えざるをえません。多分に偶然性に支配された世界です。その偶然性に賭けるのですから、ＦＸが長期投資に不向きなのは自明です。

個別銘柄投資は選別がたいへん

それでは、株式の個別銘柄投資は、長期投資に向いているのでしょうか。

かつて「資産株」といわれる銘柄がありました。株価の値動きが比較的小さく、配当金が大きいために配当利回りが高く、基本的に頻繁な売り買いはせずに保有し続ける銘柄のことです。電力株などがその代表でした。

しかし、電力株がどうなったのかは、多くの方がご存じの通りです。なかでも東京電力株は、原発事故によって、２０１１年3月11日の東日本大震災前には２１００円台で推移していた株価が、６月９日に１４８円まで値下がりし、この年の最安値を記録しました。10分の1以下です。

株式投資は資産運用の王道です。しかし、個人が株式投資で資産形成をしようと思うと、かなりたいへんです。なにしろ、東京証券取引所に上場されている銘柄数だけでも、次のようにたくさんあるからです（2016年6月末時点）。ちなみにこの数字は、複数の証券取引所に株式を上場している重複上場分を差し引いた上場企業の数になります。

東証1部	1966社
東証2部	536社
マザーズ	233社
ジャスダック	772社

以上が東京証券取引所に上場されている企業数で、合計が3522社です。これに名古屋証券取引所、札幌証券取引所、福岡証券取引所に単独上場している企業が加わり、日本全体の上場企業数は3645社。

当然、これらすべての銘柄に投資することは、個人の資金力から考えると現実的ではありません。そのため、個人が個別銘柄に投資する場合は、このなかから数銘柄をピックアップして投資することになります。

問題は、はたして3645社の中から、長期的に成長していく企業を上手にピックアップできるのか――ということでしょう。

かつては「鉄板」「絶対倒産することはない」とまでいわれた東京電力株でさえ、想定できなかった事態に直面し、倒産寸前に陥りました。株価も、10分の1以下にまで値下がりしたのです。将来、有望な特定銘柄を見つけるのは、非常に難しいといってもいいでしょう。

だからこそ、リスクを分散するべく複数銘柄に分散投資をするわけですが、個人の個別銘柄投資で満足のいく分散投資効果を得ようとする場合、資金面の問題が生じてきます。

仮に3銘柄に分散投資したとしましょう。上場企業の数は3645社ありますから、全体から見ればわずか0・08％にすぎません。この0・08％の銘柄が値上がりする可能性があるかどうかという点を、しっかり考えてみてください。

わずか0・08％の確率に賭けるわけです。合理的なロジックに基づいて資産形成するとはとてもいえません。個人投資家が3銘柄のみで資産運用をするのは、本人は分散しているつもりかもしれませんが、資産運用というより、ほとんどギャンブルです。

「株式投資は自分の好きな企業、応援したい企業に投資すればいい」という意見もありますが、これにも落とし穴があります。企業の経営理念、提供している製品やサービスに共感できる企業を応援する気持ちで投資する。たしかに、企業を選ぶ際の基準のひとつではあります。

しかし、「自分が好きな企業に投資する」ということは、「自分の好きな企業にしか投資しない」、あるいは「自分で理解できる企業にしか投資しない」ということでもあります。

自分がまったく理解できない企業に投資すると、その企業が抱えているリスク要因がわからなくなるため、投資リスクを高めることになります。その一方で投資する銘柄に偏《かたよ》りが生じるため、分散投資という観点から考えるとけっして望ましいものではありません。

それに、自分の好きな企業が本当に投資するに値《あたい》するかという問題もあります。

たとえば、「自分はソニー製品が好きだから、ソニーに投資する」というスタンスは、本当に正しいといえるでしょうか。

1990年代後半にかけて、ソニーが大きく成長している時代であれば、「ソニーが好き」という一念でその株式に投資しても正しい結果につながる可能性がありました。しかし、昨今のように企業としての存続自体が危《あや》ぶまれている状態のときに、判官《はんがん》びいきで投資するのが正しい投資行動だとは、とても思えません。

多くの個人投資家がご存じの、さわかみ投信会長の澤上篤人《さわかみあつと》さんは、「自分が応援したいと思う企業の株式に投資して、放っておけばいいんだ」などと言っています。しかし、この言葉は、かなり端折《はしょ》られています。

彼が株式を選別する際には、その前段階として、幾通りものシナリオを考え、その中から浮上してきた企業について自分の投資哲学から応援できる企業か否かを検討し、それに合致した先にのみ投資していました。また、その企業の株価のフェアバリューを彼なりの方法で算出し、その価格でなければ絶対に買いません。極端な例ですが、現在株価が１０００円の銘柄に対して、５００円の指《さ》し値《ね》を入れる（この株価以下になったら買う、ということ）くらいです。

単純に「好きだから」とか、「応援したいから」だとかいう理由だけで投資しているわけではないということです。

もちろん、プロの投資家でも判断を誤《あやま》ることはあります。ただ、これがプロのプロたる所以《ゆえん》ですが、自分が間違ったと思ったら、すぐに誤りを認めて仕切り直しをします。

ところが個人投資家の場合、自分の判断の誤りを認めるということに慣れていないのか、値下がりした銘柄を塩漬けにして保有し続けている人が大勢います。合理的な投資行動が取れていないなによりの証拠といってもいいでしょう。

では、個人が個別銘柄投資をするとしたら、どこまでやって初めて長期投資に相応《ふさわ》しいのでしようか。

前述したように、分散投資はたしかに大事です。しかし、３銘柄程度の分散では不十分です。最低でも20銘柄程度を組み合わせなければ分散効果がありません。そのためには、かなりの資金力が必要になります。

また分散させるといっても、トヨタ自動車と日産自動車、本田技研工業など、同業種の株式に分散させても効果はあまりありません。効果のある分散投資をするならば、業種分散はもちろんのこと、輸出関連と内需関連の分散、大型企業・中小型企業という規模別分散なども含めて、さまざまな観点から銘柄を分散させる必要がありますし、分散させた銘柄が効率よくリスクを軽減させるように組み合わせを考えなければなりません。それがポートフォリオ構築なのです。

つまり、同じ方向に動くものばかり組み合わせても、分散投資効果は上がらないのです。本当に資産形成として株式に投資するならば、最低でも上記のことはしっかりと行う必要がありますし、そのうえで高い将来性を持ち、企業価値の向上が期待される企業を発掘する必要があります。

いかがですか。けっしてやさしいことではないし、非常に手間がかかることもわかると思います。

少額資金でしか運用できない個人投資家、とくに現役世代の個人が、ここまでの手間暇をかけて投資できるでしょうか。もし、それが「面倒だ」というのであれば、投資信託を活用したほうがいいでしょう。投資信託なら、投資対象の銘柄選別、フェアバリューの算定から投資タイミング、適正な資産配分といったポートフォリオ構築からリバランスやリスク評価などのポートフォリオ管理に至るまでのすべてを、プロのファンドマネジャーが代行してくれます。なにより個人投資家と異なるのは、投資信託会社の運用部門には、各企業との個別対話機会もあるし、さまざまな情報リソースを持って、投資先企業の価値算定を合理的に行うことができます。これは、個人ではまずできないことでしょう。

投資信託のなかでも真っ当な資産運用を行っている、選んでよいファンドは少数で、大多数はその評価に値しないダメなファンドです。けれどもその選別は、個別銘柄を発掘するのに比べればはるかに手間をかけずに行うことができます。

ましてや、これが海外の株式になると、個人が直接投資するハードルはいっそう高くなります。最近では、米国株式や中国株式などに直接、個人でも投資できる環境が整いつつありますが、日本の企業でさえ分析できないのに、どうして米国や中国など海外企業の分析が行えるでしょうか。海外の株式をポートフォリオに組み入れて長期投資をするならば、なおのこと投資信託を活用するべきです。

銀行の退職金プランに気をつけろ

退職金の受け取り方には、2通りあります。「一時金」と「年金方式」です。

一時金は、たとえば1000万円なら、それを一括でまとめて受け取る方法。年金方式は生涯、年金方式で受け取る方法です。

さて、どちらを選びますか？　ちなみに、総額としては年金方式のほうが多くなります。

どちらを選べばいいのかということですが、私は「一時金」方式がいいと思います。

たしかに、年金方式で受け取ったほうが総額は多くなります。でも、前述したように、これからは大企業といえども、いつどこで倒産の憂き目に遭《あ》うかわかりません。倒産したら、年金方式で受け取る退職金は大幅に減額される恐れがあります。

それならば、もらえるものは早くもらってしまったほうがよい、というわけです。

ただ、一時金で受け取るのも面倒な部分はあります。1000万円、ないし2000万円という高額なまとまったお金を運用しなければならないことです。運用初心者には、ちょっと荷が重いでしょう。

したがって、一時金で受け取る場合は、事前に運用プランをしっかり決めておく必要があります。

これがきちんとできていないと、銀行口座に一時金が振り込まれるや、すぐに銀行の担当者がコンタクトしてきて、「退職金プラン」などという〝ロクでもない運用プラン〟をすすめられる恐れがあります。これには絶対に手を出してはいけません。

退職金プランとは、たとえば運用資金が1000万円だとしたら、そのうち500万円を投資信託の購入資金に充てるとともに、残りの500万円を「特別金利」が適用される定期預金に預けることで分散運用をする、というようなものです。

特別金利の水準は銀行によって異なりますが、かつては年率換算６％などという、非常に魅力的な金利がつけられていました。

しかし、２０１６年2月からマイナス金利が導入されたことによって、特別金利の水準も大幅に引き下げられました。最近は年率換算で１・５～２％程度です。

仮に特別金利が２％だとしましょう。

この利率が、1年間を通じてずっと適用されるなら納得できるのですが、この手のプランの落とし穴は、特別金利の適用期間がせいぜい３ヵ月程度しかないことです。だからこそあえて「年率換算」という表現が用いられているのですが、年率換算２％といっても、適用期間が３ヵ月間では、年間を通じての適用利率は実質０・５％程度にすぎません。

「それでも年０・５％なら、普通の定期預金よりもいいじゃないか」と思いますか？

このプランのもうひとつの落とし穴は、投資信託がセットになっていることです。投資信託には「手数料」がつきものです。いくら定期預金に年０・５％分の特別金利がついたとしても、投資信託の購入手数料で通常２～３％を取られたら、特別金利分以上のコストがかかってしまうことになるのです。

正直、この手のセールスの仕方は、顧客の経済的合理性を未必の故意で誤認に導いているとの疑念を抱かざるをえません。

退職金が銀行口座に振り込まれた瞬間にかかってくる、銀行からの電話には要注意です。

大概、「支店長がごあいさつしたいと申しておりまして……」などと言ってきて、時間のあるときに銀行の支店に出向くと、応接室に通されます。そこで上等な玉露が出され、支店長が名刺をうやうやしく出してきます。

そこで型通りのあいさつが行われるわけですが、なぜか営業担当者が支店長にくっついてきます。そこで営業担当者を紹介され、前出の退職金プランが推奨されるわけです。退職金プランではなくても、ほかの〝ロクでもない投資信託〟をすすめられる場合もあります。

多くの人は、これまでの人生で銀行の応接室に通され、支店長とあいさつをするなんて経験はめったにありませんから、この時点で舞い上がり、気がつくと判子《はんこ》を押してしまうという流れになりがち。

支店長も支店の営業担当者も、投資信託などの金融商品を客に売りつけて、手数料を稼ぐのが仕事です。身も蓋《ふた》もない言い方をすれば、あなたの退職金がどうなろうと知ったことではありません。いくら親切そうに話をしても、それは〝ビジネス〟なので、信用しないほうが無難です。

退職金は一時金で受け取ること。でも、それが振り込まれた銀行が言い寄ってくることにはいっさい耳を傾けず、自分なりの運用方法で年平均3％のリターンを目指しましょう。

年金破綻かたり商法に近づくな

「公的年金はやがて破綻《はたん》する」という言説が、まことしやかに流布《るふ》されています。危機感を煽《あお》ったほうが、ニュースとしての価値が上がると思っているメディアがたくさんあることもその原因のひとつなのでしょうが、こうしたネガティブなニュースを上手に利用して、自分たちの利益につなげようとしている輩《やから》も大勢います。注意が必要です。

銀行や証券会社は、投資信託を販売する際にはかなりエグイことをしているようにお見受けしますが、さすがにこの分野にまでは入り込んできません。要は、「日本の年金財政は非常に厳しく、いつか確実に破綻します。これからは年金に頼れない時代が来ますから、自分で資産形成を考える必要があります」などと言って近づいてくる連中には、注意すべきだということです。

もちろん、「年金に頼れない時代が来るから、自分で資産形成を考えましょう」という総論には同意できます。問題は、彼らが具体的にどのような商品をすすめるのか、です。実際には、資産形成などとはとてもいえない商品をすすめてくることが多いのです。たとえば、ワンルームマンション投資や商品先物などのコモディティ、あるいは海外不動産投資、実体があるのかどうかもわからないような海外投資口座、果てはワイン投資まで……。

この手のものを、うまい言葉を使いながらすすめてくる連中の話は、聞かないようにするのが賢明です。

たとえば、前でも触れた金。「資産のラストリゾート」や「有事の金買い」などといわれ、実物資産として、古代エジプト時代から人類がずっと資産価値を認め続けている特殊なコモディティであり、金融市場に大混乱が生じた場合は、リスクヘッジになるとされています。

しかしながら、年金が当てにならないからといって、金を大量にポートフォリオに組み入れることが資産形成として正しいかといえば、それは「正しくない投資行動」だと思います。

人類4000年の歴史に裏づけられた資産とはいえ、金はただのコモディティであり、株式のように本質的な価値が高まっていく性質はいっさい有していません。金価格は需給によって動いているだけのものなので、金融資産の一部を金で保有することは否定しませんが、価格がいっとき上昇しても、本質的な価値が増えるわけではないことをしっかりと理解しておく必要があります。

ワンルームマンション投資も、広告などでは「実物資産の安心感」などと表示されていますが、「実物不動産を保有するリスク」にはいっさい触れられていません。多額のローンを組んで、あっという間に価格が下落することもあるワンルームマンションに投資することが年金不安を補うことになるのかといわれれば、これも「ノー」と言わざるをえません。不動産はすぐに換金できないという流動性リスクも大きいことを覚悟する必要もありますし、まして今や、日本中で空き家が増え続けている状況です。

このような事例は、本当にたくさんあります。年金不安を煽る商法に対しては、いっさい耳を貸さないほうがいいでしょう。

将来の年金がどうしても不安で仕方がないという方にこそ、私は金融資本市場にお金をゆっくりと働きに出す、王道の長期投資をおすすめしたいと思います。それも、金やワンルームマンション投資、あるいは海外不動産投資などといった〝怪《あや》しいもの〟ではない方法で。世界の株式市場、あるいは債券市場に分散投資すれば、たしかにその年、その年でマーケットの環境に変化はあるものの、平均値で見ていけば、ある程度、年金不安を一掃《いっそう》できるだけのリターンがあると思います。

退職金で住宅ローン一括返済は×

退職金の使い道としては、たとえば豪華客船で世界一周であるとか、高級外車に乗り換えるなどという〝贅沢《ぜいたく》〟〝散財〟は論外で、絶対にやるべきではありません。

ただ、ついやってしまいがちなのが、「住宅ローンの残債を完済してしまうこと」。おそらく、真面目な方に多いと思います。

「あと500万円、住宅ローンが残っているので、定年を機に全部払ってしまおう」

いや、真っ当な人間としては正しい行為だと思います。それに、仕事がなくなるので、できるだけ借金は残さないでおこうという考え方も間違ってはいません。

でも、現在の経済環境をよく考えてもらいたいと思うのです。

今は、ご存じのように超低金利どころか、マイナス金利の時代です。こういう時代は、むしろ借金をある程度持っている人のほうが、無借金の人よりも家計として見たとき強いバランスシートになっているといえます。

なぜなら、超低金利のなかでは、いずれインフレが起こる可能性が高いからです。少なくとも政府・日銀は、将来的にインフレを引き起こすために、現在のマイナス金利政策を取っています。仮にインフレになったら、預金してあるお金はインフレヘッジにならず、資産価値が目減りしていきます。しかし、借金の負担はインフレが進むほど軽くなりますから、借金があったほうが、バランスシート上は望ましいことになります。そして、長期金利までもマイナス金利が定着し始めたこの時期、住宅ローンはむしろ長期固定金利で借り換えをするのに空前絶後の機会でもあるのです。

ですから、住宅ローンをやみくもに返済するよりも、超低金利のローンに借り換えてコツコツ返済を続けながら、余裕資金を運用に回したほうがトクだと思います。

仮に退職金が1000万円、住宅ローンの残債が500万円あったとします。それを完済し、差し引き５００万円を年平均３％で20年間運用するのと、住宅ローンはこれまで通り返済を続け、１０００万円を年平均３％で20年間運用するのと、どちらが有利かを計算してみましょう。

住宅ローンを完済した残りの５００万円を運用した場合、20年後の元利合計金額は９０３万１０００円です。対して、住宅ローンを完済せず、１０００万円を同じ利回りで20年間運用した場合の元利合計金額は１８０６万１０００円です。当然ですが、後者は投資元本が倍ですから、収益の絶対額も倍になります。

運用利回りにすれば両者とも同じですが、絶対額で倍の差があるのは非常に大きいと思います。その点でも、住宅ローンを定年時に全額返済せず、定年後もコツコツと返済するようにして、退職金はできるだけ全額を運用に回したほうがよいでしょう。

それに、これは女性にいっておきたいのですが、夫が定年になったとき、夫名義の住宅ローンの完済を相談されたら、全力で反対するべきです。住宅ローンには団体信用生命保険がついているので、夫が亡くなれば、それ以降の住宅ローンの返済は免責されるからです。つまり返済しなくてもよくなるのです。

基本的に、女性は男性よりも長生きしますから、住宅ローンが残っていたとしても、夫が先に亡くなれば住宅ローンが保険金で相殺され、自宅がそのまま自分のものになります。したがって、夫の定年後も従来のまま住宅ローンの返済を続け、退職金は長期の運用に回すことをおすすめします。そのほうが、老後の生活は格段に有利になるはずです。

60歳超のリスクは絶対NGか?

高齢者の資産運用でよくいわれるのが、「60歳以上になったらリスクを取らないようにしよう」ということです。理由は簡単です。定年退職後は、大きく損をしたとき、その損失をカバーする手段が限られるからです。

若いうちは、基本的に給料は上がっていきますし、会社員ならボーナスも支給されます。したがって、投資で多少の損失が生じたとしても、生活全体を見直さなければならない状況にはならずに済みます。もちろん、常識的な範囲で投資をしているなら、という前提条件はつきますが。

これが高齢者になると、基本的に年金以外の定期収入が入ってこなくなります。あとは、自分がそれまでに貯めた資産でまかないますが、その運用に大失敗をしたら、その後の生活全体を根本から見直す必要が生じてきます。そのため、定年を迎えたらリスクを取らないポートフォリオで運用しよう、という話になるのです。

しかし、現実に目を向けると、もはやそんな悠長《ゆうちょう》なことをいっていられる状況ではなく、リスクを取らないリスクを考えなければいけません。最低でも、インフレリスクを回避するために必要なだけのリスクを取った運用をすることは必須という時代に入っているのです。

今後、マイナス金利が奏功して、デフレ経済から否応なく脱却するとともに、本格的なインフレ時代が到来したとしましょう。

政府・日銀の目標は、年2％の物価上昇率を達成することです。仮に、それが実現したとします。年2％の物価上昇率を達成するということは、10年で物価は20％上昇することになります。20年だとざっと40％上昇します。

これは、考えてみるとたいへんなことです。もし、定年後に資産が3000万円あったとして、それを運用せずに預貯金だけに固めておいたら、いったいどうなるでしょうか。金利がほぼゼロに近い状態がしばらく続けば、3000万円が大きく増えることのないままに、物価は20年間で40％も上昇するのです。この間、生活に必要な物資の値段も、場合によっては施設に入るのにかかる料金も、40％前後上昇します。ということはつまり、3000万円の資産価値が実質的にどんどん目減りしてしまうのと同じことになります。

それを考えると、定年になったあとにまったく運用をしないというのは非常に危険。自分の資産価値を維持していくうえでも、相応のリスクを取って資産運用をすることがいかに大事かわかると思います。

それに、これは私の持論でもありますが、自分自身は年を取って高齢化していくことに抗《あらが》うことはできませんが、お金は年を取らないのです。わざわざ自分のお金まで高齢化させる必要はなく、お金はいつまでも元気に経済活動のなかで働いてもらうべきではないでしょうか。

NISA、DCを活用しよう!

より効率的にお金を殖やすためには、「節税」も同時に考える必要があります。
といっても、難しい節税ノウハウを説明するつもりはないので、ご安心ください。資産運用に必要な節税術です。

税金もある意味、コストのひとつと考えられますが、投資にかかる税金はけっして安くはありません。株式や投資信託の譲渡益、配当金、分配金にかかる税率は、復興特別所得税も含めると20・315%。利益の2割が税金で持っていかれてしまうのです。

そこで利用したいのが、NISA(ニーサ:少額投資非課税制度)のような非課税制度です。利用金額に限度はありますが、その範囲内で投資した分に生じた収益は非課税扱いになります。したがって、株式や株式投資信託などのリスク資産で運用するならば、まずはNISA口座を用いた投資を優先するべきでしょう。

また、60歳までひたすら積み立てるつもりなら、確定拠出年金(DC)の活用がおすすめです。あらかじめ将来の給付(受給)額が決まっている確定給付年金(DB)に対し、積み立てる(拠出する)金額は決まっているものの給付額は運用の結果で変わるというのがDCです。DC

は、現状では専業主婦、公務員は利用できませんが、2017年から誰もが利用できるように制度改正が行われます。

非課税面の優遇が大きいので、リスク資産で運用する部分については、これら非課税制度を活用できる口座での運用をメインにするべきでしょう。

それぞれについて、詳しく見ていきましょう。

①NISA

2016年現在、NISAの非課税枠は年間120万円で、非課税期間は最長5年間です。NISA口座の開設可能期間は2023年までなので、2016年口座が5年間の非課税期間を終える2020年12月末に、2021年口座にロールオーバー（移行）させることで、最長10年の非課税期間を得ることができます。ちなみに、2016年口座からNISAを利用する人は、2018年口座までがロールオーバーの対象になり、最長10年間の非課税期間を得ることができます。

ただし、2019年口座以降は、現行制度だと2024年口座はできず、非課税期間は5年間で終了です。NISAを有効に活用できるようにするためには、やはり非課税期間や口座開設可能期間を恒久化し、いつでも、いつまでも利用できるようにしてもらいたいところです。

NISAのしくみ

NISA 5つの Point !

1. 投資信託（ファンド）の分配金や売買益等が**非課税**
2. **年間120万円**の非課税枠
3. **最大600万円**の投資額に対して**最長5年間**非課税
4. 対象は日本に住む**20歳以上**の方
5. 開設する金融機関は1年単位で変更可能

制度の概要

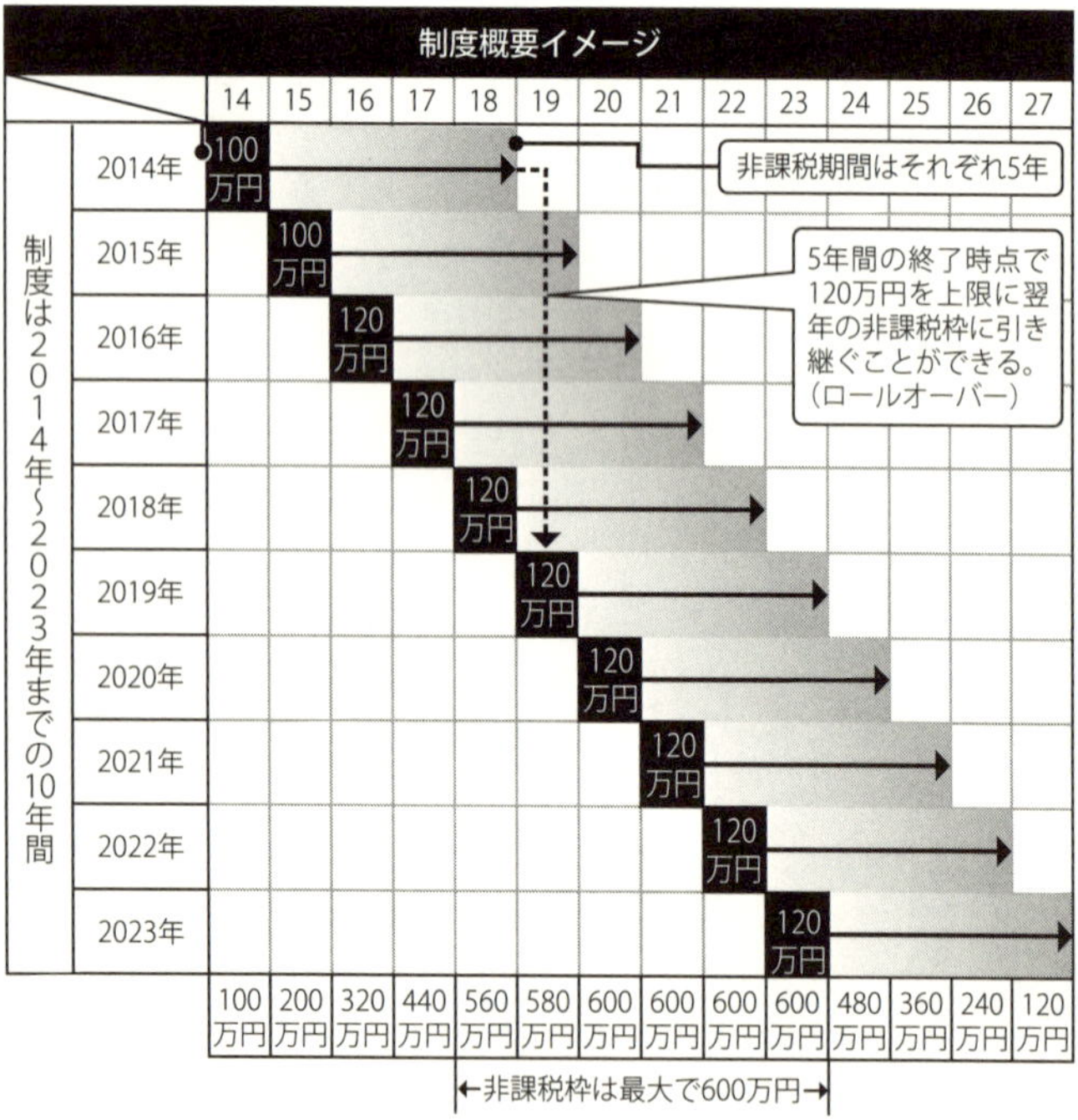

ＮＩＳＡは年間120万円を限度額に、5年間のうちに投資した分の投資収益が非課税になるので、120万円×5年間で合計600万円の非課税枠が得られます。夫婦で利用すれば、合計1200万円です。毎年の投資限度額が120万円なので、毎月10万円ずつ投資信託で積み立てた場合、そこに発生した投資収益が非課税になりますから、これを利用しない手はないでしょう。

また、金融庁は積立投資専用のＮＩＳＡ枠を非課税期間20年での創設に向けて検討しているとのことで、長期投資への使い勝手は格段に改善されそうです。

②確定拠出年金（ＤＣ）

さらに確定拠出年金（ＤＣ）を活用すれば、非課税で運用できる枠はもっと広がります。

確定拠出年金は、「個人型」と「企業型」とに分かれています。

個人型は現在、60歳未満の自営業者、企業年金制度のない企業の60歳未満の従業員が加入対象になります。60歳未満の自営業者は月額6万8000円まで。勤務先に厚生年金基金、確定給付企業年金、確定拠出年金（企業型）のいずれの制度もない企業の従業員は、月額2万3000円まで積み立てられます。月額2万3000円であれば年間27万6000円。10年間で276万円になります。

2017年からの個人型DCの加入対象者

<table>
<tr><th></th><th>対象者</th><th>掛け金の上限額
（年額）</th><th>加入対象者数
（推計）</th></tr>
<tr><td>第1号
被保険者</td><td>自営業者や自営業者の妻、学生、無職など</td><td>81.6万円※</td><td>1750万人</td></tr>
<tr><td rowspan="5">第2号
被保険者</td><td>企業年金のない会社員</td><td>27.6万円</td><td>2350万人</td></tr>
<tr><td>企業年金のある会社員（DCのみ）</td><td>24万円</td><td rowspan="3">1200万人</td></tr>
<tr><td>企業年金のある会社員（DBとDC）</td><td rowspan="3">14.4万円</td></tr>
<tr><td>企業年金のある会社員（DBのみ）</td></tr>
<tr><td>公務員</td><td>440万人</td></tr>
<tr><td>第3号
被保険者</td><td>会社員や公務員の妻の専業主婦（主夫）など</td><td>27.6万円</td><td>930万人</td></tr>
</table>

※は国民年金基金との合算額

なお、法改正により、２０１７年１月からは、専業主婦や公務員も利用できるようになり、掛け金の上限はそれぞれ表のように変わります。

一方、企業型は事業主の負担で年金を積み立てていくもので、実施企業は厚生年金の適用事業所に限られています。掛け金の上限は、厚生年金基金、確定給付企業年金のいずれもない企業の場合、月額５万５０００円。厚生年金基金、確定給付企業年金のいずれかがある企業の場合は、月額２万７５００円です。

さらに、企業型ＤＣは、企業が拠出する掛け金に上乗せして従業員が掛け金を拠出する「マッチング拠出」が可能です。マッチング拠出の掛け金額は「企業が拠出する掛け金額以内」かつ「企業拠出分と従業員拠出分の合計が法定の拠出限度額以内」となる範囲で定めます。

確定拠出年金は、掛け金の拠出時、運用期間中の投資収益、積み立てた年金を受け取る際のいずれの段階にも、税制面の優遇措置を受けることができます。

掛け金の拠出については、個人型の場合、掛け金全額が所得控除（小規模企業共済等掛金控除）の対象とされ、所得税、住民税が軽減されます。企業型の場合、掛け金の全額が損金算入され、かつ従業員の給与所得にはみなされません。またマッチング拠出の掛け金額は、個人型の掛け金と同様、所得控除の対象とされます。

また、積立金に対して特別法人税が課税されることになっているのですが、2016年度まで課税が凍結されています。つまり、運用益は完全な非課税です。

最後に、年金を受け取る場合はどうなるか、ですが、これは受け取り条件によって課税される科目が異なります。

年金方式で受け取る場合は「雑所得」となり、公的年金等控除の対象になります。

一時金で受け取る場合は「退職所得」となり、退職所得控除の対象になります。またその際は、掛け金拠出期間が勤続年数とみなされます。

障害給付金として受け取る場合は、所得税、住民税ともに非課税です。

そして死亡一時金として受け取る場合は、みなし相続財産として相続税の課税対象になりますが、法定相続人一人あたり500万円までは非課税扱いです。

このように手厚い非課税措置が認められているのが、確定拠出年金の特徴です。60歳になる前に脱退すると、脱退一時金を受け取るとともに、一時所得として課税されることになっていますが、実際には、確定拠出年金の脱退は個人型であっても非常に厳しく、なかなかできません。したがって、強制的に老後資金をつくるには最適な制度ともいえます。

また、確定拠出年金を始めるには、できるだけ早い時期からがよいでしょう。企業型で月額5万5000円を30歳から60歳までの30年間積み立てていけば、積立元本だけでも1980万円になります。仮に年平均3％で運用できれば、60歳になったときには3213万655円もの資産をつくることができます。

一発逆転狙いが詐欺を呼ぶ

資産運用に〝一発逆転〟はありません。

前述したように、50歳になってからの人生に一発逆転の可能性がほとんどないのと同様に、50歳になって貯蓄や資産がないからといって、それを5000万円まで一気に殖やす方法など、どこにも存在しません。

それが「現実」なのですが、なかにはその現実を認めようとしない人もいます。そして、そういう人は一発逆転を狙《ねら》って、詐欺的な投資商品に手を出してしまい、それが原因ですべての財産を失ってしまうことがあります。

詐欺的な投資商品の場合は、根こそぎ拠出した資金を持っていかれる恐れがあります。この手合いに引っ掛かったら、人生設計は根本から見直さざるをえなくなります。

過去、資産運用をかたった詐欺事件はいろいろありました。いずれのケースでも、被害者が拠出した資金の全額が返金されたことはありません。戻ってきたとしても、せいぜい拠出した資金の1～2割程度でしょう。

悲惨なのは、高齢になってからこの手の詐欺商品に手を出してしまうケースです。

実際、詐欺事件に巻き込まれた被害者の年齢を見ると、高齢者が大勢います。これにはいくつか理由があると思います。

まず身寄りのない老人が増えていること。「独居老人」という言葉があるように、話し相手もいないなかで生活している老人にとって、たとえ詐欺業者の連中であったとしても、自分のところに来て話し相手になってくれる人には、親近感を抱いてしまうのでしょう。お年寄りの話し相手になることで信頼関係を醸成して、老人の孤独や不安に付け込む営業手法は、詐欺業者のみならず、銀行や証券、保険会社でも定石《じょうせき》になっています。

加えて、今の高齢者はかつての高金利をよく知っています。なにしろ、郵便局の定額貯金に預けるだけで、年6％もの利息がついてきたのです。その時代を知っている人にとって、今のマイナス金利などという状況は、とんでもないものでしょう。そのなかで、「元本保証、年○%の確定利回り」などという条件を提示されたら、やはり飛びついてしまうのだと思います。

結果、お年寄りの被害が拡大するというわけです。

それでは、どうすればこの手の怪しい話に引っ掛からずに済むのでしょうか。

とにかく、「おいしい」と思える話には近づかないこと。

怪しい投資話には、どこかに必ずおかしな点があります。

たとえば、銀行でもないのに「元本保証」を謳《うた》って資金集めをしているとします。これは、完全に出資法違反です。元本保証や確定利回りを前面に打ち出して資金を集めている連中から営業を受けたら、それは絶対に怪しいので断るようにしましょう。

次に、収益の源泉がよくわからない商品。いかにも「有利な利回りが得られますよ」という話をするのに、その収益の源泉がなんなのか、今ひとつよくわからない場合は、手を出さないほうが無難でしょう。世界的にこれだけ超低金利になっているのに、月3%の利回りを確約している投資商品があったら、誰でも「どうやってそんなリターンを出すのか」という点に興味を持つでしょう。どう考えてもおかしいと思ったら、その業者にしっかり質問するのです。大概は、しどろもどろの受け答えで終わります。

「海外投資」にも要注意です。よく聞くのは、海外のプライベートバンク、ヘッジファンドなどで運用してくれるサービスを売り歩いている業者です。それも笑ってしまうことに、この手のサービスを50万円、100万円という少額資金で提供してくれるというのですが、そこですでに怪しさ満点です。スイスのプライベートバンクは、金融資産だけで2億円くらいないと相手にしてくれません。ヘッジファンドもそうです。50万円程度の資金で運用してくれるヘッジファンドなど、まずないと考えていいでしょう。

人生と同じように、資産運用にも一発逆転はありえないと、心に留めておいてください。

保険は資産運用にならない

生命保険文化センターの「生活保障に関する調査」(平成27年)によると、日本の一世帯あたりの年間払い込み保険料は、平均で38・5万円だそうです。

この本を読んでくださっている方も、生命保険に加入している人が多いと思います。でも、どうして「生命保険」に入っているのでしょうか。

理由はいろいろだと思いますが、だいたい、次の2つに絞《しぼ》られると思います。

第一に、漠然と生命保険に加入するものだと思っていること。

新入社員で会社に入ると、先輩社員がなぜか生命保険の外交員を紹介してくれることがあります。「社会人になったら、生命保険に入って一人前」とかなんとか言われて、そのまま加入してしまった人も多いのではないでしょうか。

第二に、生命保険を預貯金のようなものと勘違いして加入しているケース。

生命保険文化センターの「生命保険に関する全国実態調査〈速報版〉」（平成27年）によると、「加入・追加加入意向のある保障内容（世帯主）」について、次のような結果が出ました。

①病気やケガの治療や入院にそなえるもの　50・9％
②病気や災害、事故による万一の場合の保障に重点をおいたもの　48・4％
③老後の生活資金の準備に重点をおいたもの　46・3％
④保障と貯蓄をかねたもの　35・9％
⑤介護費用の準備に重点をおいたもの　32・0％
⑥子どもの教育資金や結婚資金の準備に重点をおいたもの　14・2％
⑦貯蓄に重点をおいたもの　12・8％
⑧その他　0・7％
⑨不明　1・1％

これを見ると、生命保険に加入している人のなかで、「保障」と「資産形成」がごちゃ混ぜになっていることがわかります。

①と②に関しては、保険商品の王道といったところで、わからないこともありません。しかし、③から⑦に関していえば、保険商品である必然性はまったくありません。毎月きちんと積立投資などを行っていけば十分にカバーできるはずです。

たとえば③ですが、どうして老後の生活資金を準備するのに、わざわざ保険商品を使わなければならないのでしょうか。

老後の生活資金を考えて生命保険に加入する人は、「個人年金保険」などに入るケースが多いと思います。実際に個人年金保険に加入したとして、いったいどれだけのリターンが得られるのでしょうか。

現在30歳の人が60歳まで毎月保険料を支払い、60歳から年金を10年間受けられる個人年金保険に加入したとします。ある大手生命保険会社のシミュレーションを使って計算したところ、月々の保険料などは次のようになりました。

①月払い保険料　1万5000円
②払い込み保険料合計額　540万円
③年金受取総額　640万2000円

このリターンはいったい何パーセントになるのでしょうか。30年間、毎月1万5000円を積み立てることによって、30年後に640万2000円を得るには、どれだけのリターンが必要なのかという計算をするわけですが、それによると、リターンは年1・1%。

わずか年1・1%程度のリターンしか得られないのですよ。

しかも、マイナス金利時代の定着により、この利率すらとうてい維持できず、取り扱いを終了する金融機関が続出することでしょう。今後の上がり目はない、といってもいいでしょう。

それにしてもなぜ、こんなに低いのでしょうか。それは「保険商品だから」です。保険商品である以上、保障面にも保険料を割《さ》かなければなりません。純粋に運用のみの商品なら、加入者が支払う保険料を全額投資に回せるのですが、保険商品なので、加入者が死亡したり、その他保険金を支払う事由が発生したりしたときに備えて、保障分の積み立てを別途行う必要があります。結果、運用利回りは相対的に低くなるのです。

その点ひとつ取っても、保障と運用は別物にするべきでしょう。運用は投資信託などの積み立てで行い、保障はシンプルな掛け捨ての生命保険に加入すれば十分です。

上記とまったく同じ条件で、投資信託の積立投資をしたらどうなるでしょうか。

運用利回りをある程度控えめに見積もって、年3%にしてみましょう。国際分散投資でバランスのいい運用をすれば、平均でこの程度のリターンは十分に実現可能です。毎月1万5000円を30年間、年平均３％の運用利回りで運用した場合に受け取れる金額は、874万1053円になります。同じ条件下で、個人年金保険で運用した場合に比べて、受け取れる金額は233万9053円も違ってくるのです。

生命保険は何年にもわたって保険料を払い続けます。前述のとおり、一世帯あたりの年間払い込み保険料は平均38・5万円。20年間払い続けたとしたら、払い込み保険料の総額は770万円にも上ります。「生命保険は持ち家に次ぐ大きな買い物」といわれるのも納得です。そうである以上、安易な考えで加入しないことが無難です。

第４章　生活をリセットすれば、老後資金は捻出できる

無理をしてでも生活のリセットを

資産形成の話をするとき、相手が30代なら、「自分の収入で無理のない範囲で積立投資をしましょう」と伝えるようにしています。無理をすると長続きしないからです。

でも、50代の方の資産形成については、「無理して続けてください」と言うようにしています。そうしないと間に合わないからです。やはり、定年前までに2000万円程度のお金があったら、安心できるじゃないですか。

では、いったいなにを無理するのか。無理というより、なにかを我慢した生活設計をしていくことが必要だといったほうがいいかもしれません。

読者の方のなかに、外食するとき、「自分は年収1000万円だから、ファミレスなんかで食事できないよ」などと思っている人はいないでしょうか？

「チェーンの居酒屋なんかで酒が呑めるか」

「旅行に行くなら、最低でも1泊3万円のところに泊まらなきゃ」

「車は最低でもBMWの3シリーズ」

なんて考えている50代の方も、意外に多いと思います。

こういう方は今日、今すぐにでも生活をリセットすることをおすすめします。

酒を呑むのなんて、チェーンの居酒屋で十分ですし、ワイシャツも最近は品質がよく、しかも値段の安いお店がたくさんあります。寝るだけの旅行の宿泊先はビジネスホテルで十分ですし、車は国産車のほうが壊れないのですから、故障すると修理代が高い外車にわざわざ乗る意味がわかりません。

まあ、かくいう私も、かつては外車を乗り継《つ》いでいる時期がありました。

今の車は、かれこれ15年くらい乗っているのですが、故障しない限り、もう乗り換えるつもりはありません。このまま長く乗って、「そのうちヴィンテージにでもなればいいのに……」などと、ムシのいいことを考えています。

いずれにしても、50歳になったら、「老後の資金づくり」がなににも増して最優先になる、ということです。

それ以外のことは、なんとか我慢しましょう。そのうえで、毎月10万円の積立資金を捻出《ねんしゅつ》します。毎月10万円ずつ積み立てて、年平均3％の利回りで運用できれば、50歳から65歳までの15年間で、2275万4000円の資産をつくることができるのです。

「3万円程度ならなんとか」などと言っていると、絶対にまとまった資産をつくることはできません。同じ年平均利回りで15年間積み立てても、毎月3万円では、積立総額は682万6000円にしかなりません。これでは、老後の生活資金の足しといっても、いささか心許《こころもと》ないでしょう。やはり、安心できる老後資金を築くためには、毎月10万円の積み立ては必須です。

自分の見栄《みえ》のために使っているお金があったら、それは即、見直してください。

また50歳程度で住宅ローンの返済がすべて終わったという人は、これまで住宅ローンを返済してきたのと同じ感覚で、積立投資を始めてください。住宅ローンだって、月々の返済額は10万円前後になるはずです。それが終わったから、「やっと10万円分の贅沢《ぜいたく》ができる」などと思ってはなりません。「これで10万円ずつ、今度は自分の老後資金のための積立投資ができる」と考えるようにするのです。

コストの安い土地に住まいを移す

リビングコストの安い地域に引っ越すこと、これは、もともと地方に住んでいる人には関係のない話かもしれません。けれど、東京や大阪、名古屋など、大都市圏に住んでいる人にとって、自分の生活水準を見直すための重要な選択肢になります。

東京23区内でも所得格差は非常に大きく、港区あたりになると富裕層が非常に多くなります。極端な事例ですが、港区といえば六本木。東京ミッドタウン・レジデンシィズに住んでいる人は間違いなく富裕層です。インターネットで検索して出てきたいちばん狭い68・24平方メートルの1ベッドルームという間取りでも、月額賃料は60万円。

ところが同じ広さでも、墨田区あたりに行けば月々の賃料は平均16万〜17万円で、３分の１程度と割安です。港区の高級マンションは、そこに住む人の見栄を満たしてくれますが、そこに住み続けることの無駄についてもっと考えたほうがいいでしょう。

同じ23区内でも、港区から墨田区に引っ越せば、住居費だけでも３分の１に減らすことができるのです。これだけ住居費が安ければ、食費だって安いはずです。まずはこのように、生活コストの安いところに引っ越すことを考えてみてはいかがでしょうか。

地方に引っ越すという手もあります。生活コストは、東京のような大都市圏に比べれば、格段に下がります。

50代に入って見栄を張る必要もないと考えれば、生活コストの安いところに引っ越して、浮いたお金をすべて老後の資産形成に回すことができます。地方への引っ越しは、仕事の関係上、難しいというのであれば、もう少し小さな家に引っ越すことを考えてみてはどうでしょう。ダウンサイジングです。50代は、子どもがいたとしてもそろそろ独立して、親元から離れる時期でもあるはずです。そうなったら、家族全員で住んでいたこれまでの大きな家は必要なくなります。

23区でも、墨田区や江戸川区などは、都心に比べてはるかに生活コストがかからないといわれています。そういうところに住まいを移し、より多くのお金を老後の積立投資に回すようにすれば、なおいっそう、老後のための資産形成がしやすくなること請け合《うあ》いです。

子どもの教育費は自分で稼がせる

前述したように、50代でかかってくる大きなお金はなにかと考えると、子どもの教育費はバカになりません。

50代なら、大学の学費かもしれません。大学の4年間にかかる学費等は、教育費のなかでは最も高額です。国立大学の場合、自宅通学は4年間で538万7000円、下宿だと839万6000円になります。

ほかはどうなのかを列挙しておきます。

①私立文系　自宅通学　692万3000円／下宿　975万1000円
②私立理系　自宅通学　822万2000円／下宿　1105万円
③私立医歯系（6年）　自宅通学　2540万4000円／下宿　2940万4000円

③の私立医歯系は6年制なので、4年制に比べてコストも当然、割高になります。

これらの数字を見てもわかると思いますが、子どもを大学まで通わせることは、家計にとってそうとう大きなコスト負担になります。

しかも、この数字は子ども一人あたりのものです。もし子どもが2人いたら、単純に倍程度はかかると見てよいでしょう。たとえば、2人の子どもが自宅通いで国立大学だったとしても、1000万円以上のお金を必要とします。そのうえ、地方在住の子どもが東京都内の大学に通うとなると、下宿代も必要になるので、学費は一段と割高になります。

親としては、自分たちの食べるものを節約したとしても、子どもにはなんとかよい教育を施そうとするでしょう。それでも、ない袖《そで》は振れません。

最近、都内だと子どもを小学校から私立に通わせようと、親はやっきになるといいますが、それができるのは、はっきりいって世帯収入が高い家庭だけです。ごく普通の家庭なのに、「なんとか無理してでも」と考える親もいるようですが、学費だけでなく、そういう学校に子どもを入れると、親の付き合いも半端なくお金がかかることも考える必要があります。

やはり、分相応なところに通わせることが大事なのです。

大学になれば奨学金制度もありますから、子どもの学費は子ども自身に払わせるという手もあります。親が払っているから、子どもは甘えて大学でロクに勉強をしないのです。けれど、奨学金（貸与型）で大学に通うなら、最後は自分で学費を返済しなければなりませんから、支払ったお金以上のものを学ぼうと、子どもも頑張って勉強に身を入れるでしょう。

親は子どもに「面倒を見てあげられるのは高校卒業まで。それ以降は自分で生きていきなさい」と宣言するべきです。高校ではさすがに早すぎると思うなら、「大学を卒業するまで」に期限を引き上げればよいでしょう。とにかく大事なことは、ダラダラといつまでも子どもの面倒を見ないことです。さもないと、子どもはいつまで経っても自立しません。大学を卒業したら、さっさと家から独立させるくらいでもいいのではないでしょうか。

今の時代、いつまでも子どもに居座られたら、困るのは親のほうです。

みずから進んで家に給料の一部を入れる子どもは少数派でしょう。家賃も払わず、食費も入れず、実家に居座り続けているケースも多いはずです。それどころか、ニート化していることも十分考えられます。それでは単なるコストにすぎませんから、親のほうからさっさと子離れして、家から追い出すに限ります。

「冷たい」と思いますか？

しかし、私たち50代が現役でいられる時間には限りがあります。ひたすら親を頼って自立できない子どもにしてしまうほうが、よほど親として無責任なことではないでしょうか。

子どもはいつか親の元を離れていくものです。だったら、親のほうから期限を切って、それ以降は自活するように誘導したほうが、子どもも自分で考え、行動するようになっていくのではないでしょうか。

「自分の子どもなのだから、どんなにたいへんな状況に直面しても、必ずや自力で乗り切っていく」と考え、まずは子どものことを信用してみてはいかがでしょうか。

親の面倒を見て共倒れになる愚

親の面倒を子どもが見るというのも、はたして「当たり前」のことなのでしょうか。これは儒教《じゅきょう》思想によるものだと思うのですが、私は、親の人生は親のものであり、それは子どもと基本的に関係ないものと考えています。

最近、親の介護のために、子どもが退職して面倒を見るという話を聞くことが増えています。たしかに、親のために、子どもが自分を犠牲《ぎせい》にして尽くすという姿は、儒教思想を持った人たちには受けると思います。しかし、これが本当に双方のためになるのかと冷静に考えると、どうしても違和感を覚えずにはいられません。シビアですが、その先に待っているのは「共倒れ」という、なんとも悲惨な現実です。

もちろん、子どもが外資系金融機関にでも勤めていて、そこで大出世し、親の最後の面倒を見ても困らない状態で退職するというのなら、そうした選択も「あり」だとは思います。

でも、親の面倒を見るために退職したものの、田舎の実家近くには適した仕事がまったくなく、しかも雇用そのものが少ないとしたらどうでしょう。貯蓄を取り崩しながら生活していたけれども、最後は貯蓄も底を突き、にっちもさっちもいかなくなって「介護貧乏」に陥《おちい》る可能性も否定できません。

しかも、そうした状況に追い込まれる子どもの年齢は、まさに自分自身の老後の準備を頑張らなければならない50代だったりするわけです。

親が亡くなれば、それ以降は介護をする必要がなくなりますが、そこで再び東京などに戻って仕事を探そうとしても、正社員としての再就職はなかなか難しい。そのうえ、これまでの介護生活で貯蓄も使い果たしています。こうなったら、もはやどうにも手の施しようがありません。

親子の関係は、けっして合理性だけで割り切れるものではないし、個々人の価値観に左右される難しい問題ですが、親の介護のために自分の人生をすべて犠牲にしてまで全力を尽くすことが人として当然、という「こだわり」からは離れて考えるべきではないでしょうか。

そもそも、合理的に判断するなら、どんなことがあっても仕事をやめるべきではありません。親の介護が必要なら、むしろしっかり稼ぎ続けつつ、なんとかして介護ビジネスという産業に必要な対価を払って、堂々とお世話になるほうが賢明ではないでしょうか。親だって、自分のために子どもの生活が破綻《はたん》することを望んではいないはずです。

お金を削れないのは「健康関連」

あれを削れ、これも削れといってきましたが、削れないものもあります。それは「健康」に関わるお金です。

まだ自分に体力があった30代、40代のころ、先輩社員から「50歳になるとな、本当に身体にガタがくるから気をつけろよ」と言われたものです。しかし、当時はなんのことやらさっぱりわかりませんでした。

ところが、自分が53歳になって、今では先輩に言われたことの意味がよくわかります。月曜日から金曜日までは仕事がびっしりで、夜はだいたい「会合」と称して呑んでいます。土日はほとんど地方出張ですから、まあ、365日ほとんど休みがないという状態で働いています。そうとう身体を虐《いじ》める生活を続けているので、自分にとって今いちばんの心配事は「自分の健康」です。

だから、自分の健康を守るためのお金はケチらないようにしています。

そもそも50代で大病をしたら、その時点で人生設計が大きく狂《くる》ってしまいます。一所懸命に働いて資産形成に励《はげ》むどころか、入院などで多額の治療費がかかってしまう恐れがあるので、資産形成に支障を来《きた》すことになります。

だから、年1回は必ず人間ドックに入り、時間のあるときには筋トレなど運動をしています。食事にも気を遣うようになりました。コンディショニングをより意識するようになった、ということです。

50代の資産形成にとって大事なことは、メリハリのあるお金の使い方を心掛けることです。それは、使うべきものはなにか、節約できるものはなにかをしっかり分けて、節約できるものについてはしっかり実行するとともに、使うべきところは絞《しぼ》って、そこに集中的に資金を投じるようにすることです。

50代のお金を考えたとき、最優先させるべきは「資産形成」です。

資産形成をするためには、積立投資などに回せるお金をつくらなければなりません。これ以上、お金をかけられないところ、まだかける必要があるものをしっかり判別して、節約で浮いたお金は積立投資に回すこと。

そうすれば、今は厳しい状況かもしれませんが、定年を迎える65歳のころには、きっと笑っていられる自分がいることでしょう。

第５章　老後の資産運用に適した投資信託の選び方

運用中の投資信託は約6000本

それでは、これからどうやって資産を形成するかです。私は、投資信託の積立投資を活用しての長期投資を推奨しています。

今、日本にはどれだけの投資信託が運用されているか、ご存じですか。2016年4月末時点で運用されていて、一般の個人投資家が購入できる公募投信は5973本、純資産総額98兆3657億円です。

5973本もの投資信託があると、ここからどう選んでいいのか、わからなくなると思います。

しかも、このなかには「買わなくてもいい投資信託」が、相当数含まれています。買わなくてもいい投資信託とは、明らかに長期投資には不向きな投資信託のことです。

まず、「テーマ型の投資信託」。

株式市場では、さまざまなテーマが話題になっては消えていきます。昔だと、1998年から2000年にかけて注目されたITが、その典型例でしょう。当時、誰でもインターネットが使えるようになり、ITが一大ムーブメントになりました。ITに関連した企業の株価は、なんでもかんでも大きく値上がりしたのです。

しかし、株式市場で話題になるテーマは、けっして長続きしません。

ＩＴは現在、私たちの生活に欠くことのできないものになり、さらなる成長過程にあります。当時、「ＩＴは１００年以上にわたって世の中を変革し続ける、現代の産業革命だ」などといわれ、長期的なテーマだから安心して投資できるなどと考えられていました。しかし、２０００年にはＩＴバブルの崩壊という大きな出来事があり、日本でも光通信という会社の株価が20営業日連続ストップ安になるなど、株式市場は大混乱に陥《おちい》りました。その前後に、日本ではＩＴ関連ファンドといって、ＩＴ関連企業に投資する投資信託が雨後《うご》の竹の子のように設定されたものの、いずれもＩＴバブルの崩壊によって、基準価額が大きく下落しました。

この事例からもわかるように、特定のテーマに集中投資する投資信託は、マーケットで注目されているテーマが一巡すると、株価の下落とともに運用成績が低下し、再びそのテーマが注目されるまでの長い期間、基準価額が低迷し続けます。そして、その間に大勢の受益者が解約に動き、純資産総額が落ち込んで繰り上げ償還されるケースも少なくありません。

長期投資にはまったく不向きであることが、この点からもよくわかると思います。

また、テーマ型の投資信託ほど投資対象が絞《しぼ》り込《こ》まれていませんが、たとえば「特定の国・地域の、特定の資産だけで運用する投資信託」も、それだけに投資するのであれば、長期投資には向きません。

具体的には、たとえばインド株だけに投資する投資信託や、米国のハイ・イールド債だけを組み入れている投資信託、あるいはREITのみで構成されている投資信託などがこれに該当します。このような投資信託は、たとえひとつひとつが真っ当な長期投資ファンドであってもいくつかを組み合わせ、複数国・地域の複数資産で適切な資産配分を行って初めて、合理的な分散投資効果が得られます。そうしたポートフォリオを構築してこそ、誰でも実現可能な長期資産形成になるのです。単品のみの投資では、長期投資に向きません。

「毎月分配型投資信託」も、長期投資の際には避けたいところです。

長期投資のメリットは、複利効果によって資産を大きく殖やせることにあります。複利効果とは、運用によって得た利益も再投資に回すことで投資元本を膨《ふく》らませ、より大きな運用収益を得ることにあります。ところが毎月分配型をはじめとする多分配型の投資信託だと、運用によって得た収益を定期的に取り崩して分配しなければなりません。結果、複利効果が得られず、長期投資本来のメリットを活かすことができなくなってしまいます。

ほかにも細かく見ていくと、「長期投資には向かないだろうな」と思われる投資信託はたくさんあります。それでも、まずは特定のテーマ、特定の国・地域、特定の資産にのみ集中投資するタイプの投資信託と多分配型の投資信託を排除すれば、長期投資に向いた投資信託にだいぶ近づけるでしょう。

そのうえで、長期投資に向いている投資信託の条件に照らしていくと、さらに5973本からの絞り込みができるはずです。

その条件を、以下に記していきます。

①継続的な資金流入はあるか？

【条件1】継続的に資金が流入していること

長期投資できる投資信託を選ぶうえで、最も大事な条件です。

現在、運用されている投資信託の多くは「追加型」といって、いつでも自由に追加購入、解約をすることができます。したがって、新規の資金が入ってくることもあれば、解約によって資金が流出することもあり、その差額が日々の資金流出入に表れてきます。新規の資金流入額が、解約による資金流出額を上回れば資金純流入になり、新規の資金流入額が解約による資金流出額を下回れば資金純流出になります。

当然、資金流入が続くほど運用は有利になります。なぜなら、株価が安くなったところで新規資金を用いた買い増しができますし、より魅力的な銘柄を探して投資できるだけの資金的な余裕が生まれてくるからです。

逆に資金流出が続くと、どれだけ運用が順調でもポートフォリオを取り崩さなければなりません。これは将来、高いリターンをもたらしてくれるはずの銘柄をポートフォリオから外していくことになるため、運用成績にマイナスの影響を及ぼします。したがって、投資信託を選ぶときは、資金純流入が続いているものを選ぶようにしましょう。

ただし、ひとつだけ残念なことがあります。それは、追加型の場合、資金の純流出入をデータでチェックする方法が限られている点です。

一般的に、投資信託会社が公表している数字は純資産総額といって、投資信託に組み入れられている有価証券などの時価総額です。つまり資金の流出入に関係なく、組み入れ有価証券の時価が値上がりすれば、純資産総額は増加するのです。そのため、純資産総額を追っても資金の純流出入を正確には把握できません。

把握する数少ない方法としては、モーニングスターのサイトで、個別ファンドの「月次資金純流出入額」をグラフで見るのがひとつ。これは個別ファンド名を入力して表示されたページから、「リターン」→「月次資金流出入額」の順にタブをクリックしていくと、グラフで表示されます。また、「投信まとなび」のサイトでも、個別ファンド名を検索すると直近5年のデータを確認することができます。

さらに、自分で計算する方法もあります。純資産総額は、基準価額×受益権口数なので、純資

セゾン・バンガード・グローバルバランスファンドの例

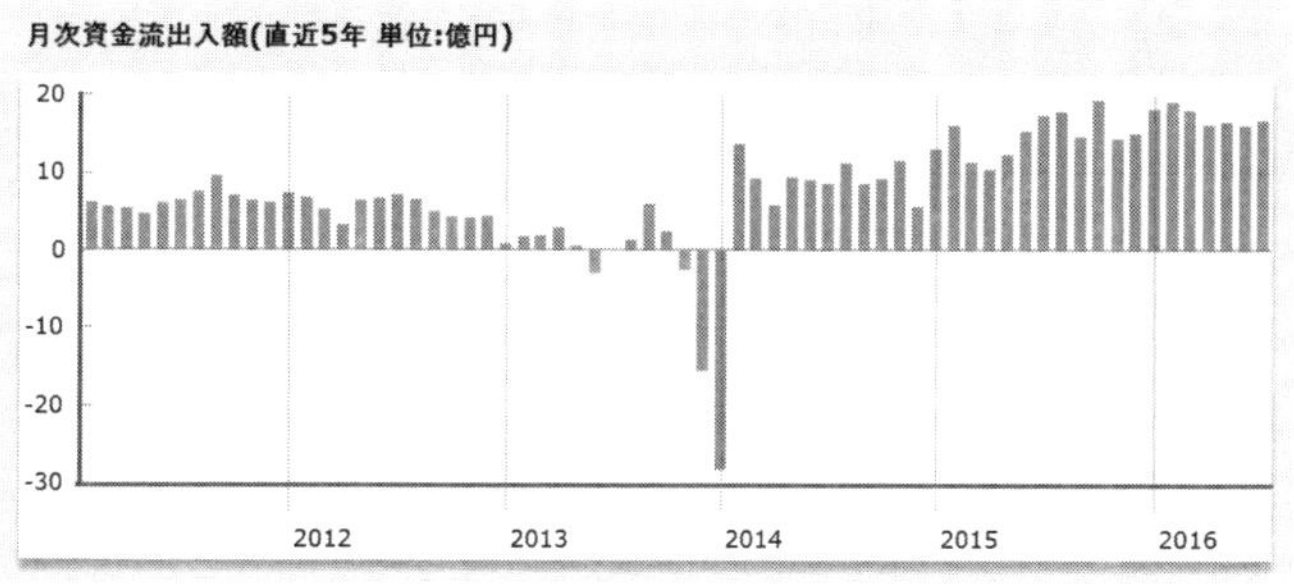

「投信まとなび」サイトより

産総額を基準価額で割ると、受益権口数を算出できます。この受益権口数が継続的に減少している投資信託は、資金が流出しているものと考えられます。

ただ、この方法で資金の純流出入を把握する場合、5973本もの投資信託すべてについて計算するわけにはいかないので、ある程度、自分で購入したい投資信託が絞られた段階で行うべきでしょう。

②信託期間は無期限か？

【条件２】信託期間が無期限であること

投資信託は一般的に「信託期間」が決められています。信託期間とは、投資信託の運用が行われる期間のことで、預金でいうところの「満期」のようなものです。

たとえば追加型の投資信託だと、信託期間は10年程度、設定当初の決まった期間しか購入できない単位型だと4年程度のものが多く、その期間が終了すると投資信託の運用は終了し、保有資産はすべて売却されたうえで、現金が受益者の手元に戻ってきます。

つまり、20年、30年という長期投資を行う場合、信託期間が決められている投資信託は不向きだということになります。投資信託の信託期間には「無期限」というものがありますので、長期投資を前提にする場合は、信託期間が無期限のものを選ぶようにしてください。

ただ、ひとつだけ注意点があります。それは、信託期間が無期限だったとしても、運用途中で償還されるケースがあることです。これを「繰り上げ償還」といいます。

繰り上げ償還が行われるのは、解約が相次いで運用資産が大幅に減少し、それ以上の運用続行が困難になり、運用会社側の管理維持コストが見合わなくなった場合です。基準としては、受益権口数が30億口を下回った場合などに繰り上げ償還が行われやすくなるので、大枠の基準として残高30億円程度以上のファンドから選択するのが無難でしょう。

③幅広く分散投資されているか？

【条件3】幅広く分散投資されていること

前述したように、特定の国・地域や資産、特定のテーマに集中投資した投資信託は、長期投資に向きません。もし、特定の国・地域、資産に特化した投資信託を買う場合は、複数種類に分けて購入するべきでしょう。たとえば、日本の株式、海外の株式、日本の債券、海外の債券というように分けて投資すれば、高い分散投資効果が得られます。

どの資産に何パーセント投資するか、自分で決めて実行するのが面倒だという場合は、さまざまな資産をバランスよく組み入れて運用する「バランス型」か、あるいは世界中の各地域に資産配分がなされている「国際分散投資型」ポートフォリオの投資信託を選べばよいでしょう。

④積立投資ができるか？

【条件4】積立投資ができること

50歳から始める長期投資に、「積み立て」は必要不可欠だと思います。

積立投資は、毎月一定日に、一定金額で同一の投資信託をコツコツ買い続けていくことです。この方法を用いることによって、精神的な安定を得ることができます。

投資をしていて、なにが最もハラハラするかというと、現在の価格が自分の買値を大きく下回ったり、あるいは上回ったりしたときです。下回れば、損失が気になってハラハラするでしょうし、値上がりすれば、「あ、これでいくら儲《もう》かったから、解約して利益を確定させようかどうしようか」と、これまたハラハラドキドキすることになります。

こうなると、冷静な投資判断を狂わす恐れがありますし、なにより長期で保有するうえで多大なストレスになります。

ですから、ハラハラドキドキしないためにも、積立投資が必要になるのです。

前述の通り、積立投資は毎月一定金額で買い付けていきますから、1年、2年と続けていくうちに、自分がいくらで買ったのかがわからなくなります。ここが積立投資のいちばんのメリットです。

また、毎月一定額で同一ファンドを購入するため、基準価額が高いときは購入する受益権口数が少なくなり、基準価額が安いときは購入する受益権口数が多くなります。結果、基準価額の上下が繰り返されるなかで、相対的に安値で買った受益権口数が多くなるため、平均の買付単価を下げる効果が得られます。

ちなみに、自分で毎月、投資信託の買い注文を出すのもよいのですが、それだとつい買うのを忘れたり、「今月は家計が苦しいから来月にまとめて買う」などと考えているうちに、買わずに放置したままになったりする恐れがあります。銀行などの指定口座から自動引き落としで買える仕組みがある投資信託で積立投資をするべきです。

⑤分配金は最小限か？

【条件5】分配回数が年1回で、かつ再投資型であること

現在、日本で人気の投資信託は毎月分配型に偏っています。しかも、売れ筋といわれている投信は、軒並み毎月の高い分配金がセールスポイントになっています。

これはリタイア世代の高齢層が、年金替わりに分配金を受け取ることを目的とした商品設計なのですが、分配金が出た分だけ、基準価額が下がっていくものです。つまり、毎月分配金を払い出していては、運用資産はちっとも大きくなっていかないのです。

したがって長期資産形成を目的とする世代にとっては、分配金はできるだけ少なく、長期投資に回っている資金が多いに越したことはないわけです。投資信託の分配方針が年1回で（日本の投資信託は制度上、無分配が認められていないのです）、かつ分配金を投信に戻して再投資してくれるタイプ（分配金再投資型）を選んでください。

雪だるまをつくるときのことを考えてみてください。雪玉を転がすたびに大きくなっていくように、複利でお金を殖やしていくのが長期資産形成の肝《きも》です。もしどうしても資金が必要になったときは、必要な分だけ解約すればいつでも現金化できます。ですので、私たち資産形成世代が分配金を当てにする必要はありません。

⑥売買・管理コストは安いか？

【条件6】販売手数料がノーロードで、信託報酬がリーズナブル

投資信託を選ぶにあたって、手数料の項目には必ず注目してください。

銀行や証券会社の窓口で販売されているものの多くは、2～3％以上の販売手数料がかかります。これは、投信購入時に販売会社から徴収されるので、その分だけ運用開始前から含み損になってしまう無駄なコストともいえます。ネット経由や直販投信なら、ノーロード（販売手数料無料）のものを自分で選べます。

次に、運用期間中にかかる信託報酬と呼ばれるコストも見てください。

将来の運用成果は外部環境や相場動向によって左右されるため、不確実性を受け入れざるをえません。この不確実性こそがリターンの源泉なのですが、一方でコストは、確実に運用成果を損なうマイナスのリターンなのです。

ですから、コストが高ければ将来の運用成果を確実に減らしてしまいます。

信託報酬は、運用会社に支払う運用管理代です。投信の性質や運用対象などによってコストが

投資信託にかかるコスト

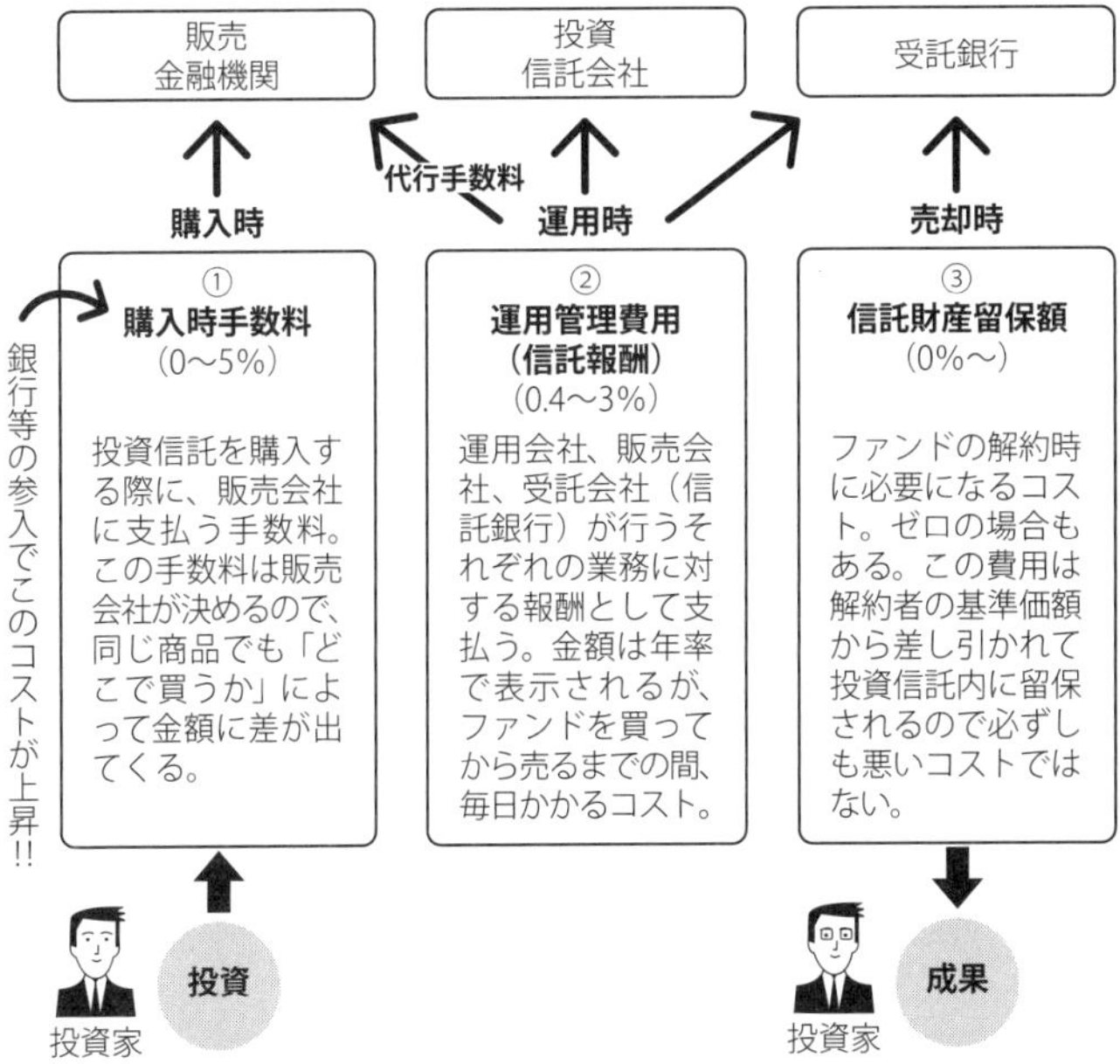

安ければ安いほどいいとは言い切れませんが、たとえば株式の銘柄選択や各種リサーチを必要とするアクティブ投信なら信託報酬1・5%程度まで、市場の動きと連動するインデックスを使うタイプの投信なら0・8%程度未満のもの、といった目安を持って選択したらよいでしょう。

投資信託で長期投資をする場合は、以上6つの条件を満たしたもののなかから選びましょう。そして、基準価額の上下に一《いっ》喜《き》一憂《いちゆう》せず、コツコツと長期にわたって積立投資をしていくのです。

「50歳から始める資産運用」は無理をせず、自分の身の丈に合ったリスクを取って運用することをおすすめします。

50代は金融資産と人的資産が必要

さて、本書でこのような話をしてきたのは、いまの50代は、前の世代とはまったく違う世界を生きるからです。

これからは、70代、80代まで健康で活躍し、90代まで元気に生き続ける可能性はいくらでもあります。そのとき、後悔しない満ち足りた老年期の生活を手にするためには、まずは経済的な自立を実現しなければなりません。そのためには資産形成と運用の知識が必須です。

そして、ただお金があるだけでもダメ。友人もおらず、社会から必要とされることもなく、ただ生きているだけになってしまっては、生きている甲斐がないというものでしょう。

人は社会的な動物です。誰かほかの人に必要とされて、初めて生きる意味を実感できる生き物だと思います。だからこそ、本書で紹介したエクスパティーズ（専門性）を高め、定年後に「個人として生きる時代」に備えてください。

最後は、「人的資産」が人生の価値を分けると私は思っています。

人的資産とは、自分自身の能力やスキル、専門性、加えて、人脈やネットワークなどすべてを含みます。いまはまだ、会社の肩書で語ることができても、もう間もなく、その肩書を失って、あなたの個人名そのものに戻ります。そのとき、一個人としていったいなにができますか、どんな友がいますか、ということです。

金融資産と人的資産の充実が、これからの50代以上の課題です。後に続く世代も、やがては50代になります。早く始めて損はありませんので、これら２つの資産形成に向けた行動を、ぜひ今からスタートしていただきたいと思います。

高校や大学を出ておよそ30年。人生80年、90年時代に、50代という世代は、社会に出てちょうど折り返し。まだこれからの年代です。この10～15年間をどう過ごすかが、今後の人生を左右します。

私もその課題の真っ只中にいます。同じ時代を生きる同志として、いっしょに頑張っていこうではありませんか。そして、次に続く世代に、子どもたちに、「あの人のように生きたい」と思ってもらえる人生にできたら最高ではないですか。人生の後輩たちに、カッコいい背中を見せて生きていく。

そんな豊かな後半生を夢想しつつ、筆をおきたいと思います。

編集協力
鈴木雅光

中野晴啓

1963年、東京都生まれ。セゾン投信株式会社代表取締役社長。1987年、明治大学商学部卒業。セゾングループの金融子会社にて資産運用業務に従事した後、投資顧問事業を立ち上げ、運用責任者としてグループ資金の運用のほか海外契約資産等の運用アドバイスを手がける。その後、株式会社クレディセゾンインベストメント事業部長を経て、2006年セゾン投信株式会社を設立、2007年4月より現職。2本の長期投資型ファンドの運用・販売を行っている。取り扱いファンドである「セゾン資産形成の達人ファンド」は3年連続「R&Iファンド大賞」最優秀ファンド賞を受賞。また、全国各地で年間150本以上の講演やセミナーを行い、社会を元気にする活動を続けている。公益財団法人セゾン文化財団理事。公益財団法人クロスボーダー・ウィング評議員。NPO法人元気な日本をつくる会理事。

著書には『預金バカ』(講談社＋α新書)などがある。

講談社＋α《プラスアルファ》新書 **665-2 C**

退職金《たいしょくきん》バカ
50歳から資産を殖やす人、沈む人
中《なか》野《の》晴《はる》啓《ひろ》

2016年9月20日第1刷発行

発行者——— **鈴木 哲**
発行所——— **株式会社 講談社**
東京都文京区音羽2-12-21 〒112-8001
電話 編集(03)5395-3522
販売(03)5395-4415
業務(03)5395-3615
写真——— **講談社写真部(金栄珠)**
デザイン——— **鈴木成一デザイン室**
カバー印刷——— **共同印刷株式会社**
印刷——— **慶昌堂印刷株式会社**
製本——— **牧製本印刷株式会社**
本文データ制作——— **講談社デジタル製作**
本文図版——— **朝日メディアインターナショナル株式会社**

定価はカバーに表示してあります。

落丁本・乱丁本は購入書店名を明記のうえ、小社業務あてにお送りください。

送料は小社負担にてお取り替えします。

なお、この本の内容についてのお問い合わせは第一事業局企画部「＋α新書」あてにお願いいたします。

Printed in Japan
ISBN978-4-06-272943-7

講談社＋α新書

- 中国経済「1100兆円破綻」の衝撃 — 近藤大介
  7000万人が総額560兆円を失ったと言われる今回の中国株バブル崩壊の実態に迫る！
  760円 711-1 C

- 会社という病 — 江上剛
  人事、出世、派閥、上司、残業、査定、成果主義……。諸悪の根源＝会社の病理を一刀両断！
  850円 712-1 C

- GDP4%の日本農業は自動車産業を超える — 窪田新之助
  2025年には、1戸あたり10ヘクタールに!! 超大規模化する農地で、農業は輸出産業になる！
  890円 713-1 C

- 中国が喰いモノにするアフリカを日本が救う　200兆円市場のラストフロンティアで儲ける — ムウェテ・ムルアカ
  世界の嫌われ者・中国から〝ラストフロンティア〟を取り戻せ！ 日本の成長を約束する本!!
  840円 714-1 C

- インドと日本は最強コンビ — サンジーヴ・スィンハ
  天才コンサルタントが見た、日本企業と人々の「何コレ!?」——日本とインドは最強のコンビ
  840円 715-1 C

- 血液をきれいにして病気を防ぐ、治す　50歳からの食養生 — 森下敬一
  なぜ今、50代、60代で亡くなる人が多いのか？ 身体から排毒し健康になる現代の食養生を教示
  840円 716-1 B

- OTAKU《オタク》エリート　2020年にはアキバ・カルチャーが世界のビジネス常識になる — 羽生雄毅
  世界で続出するアキバエリート。オックスフォード卒の筋金入りオタクが描く日本文化最強論
  750円 717-1 C

- 男が選ぶオンナたち　愛され女子研究 — おかざきなな
  なぜ吹石一恵は選ばれたのか？ 1万人を変身させた元芸能プロ社長が解き明かすモテの真実！
  840円 718-1 A

- 阪神タイガース「黒歴史」 — 平井隆司
  伝説の虎番が明かす！ お家騒動からダメ虎誕生秘話まで、抱腹絶倒の裏のウラを全部書く!!
  840円 719-1 C

- ラグビー日本代表を変えた「心の鍛え方」 — 荒木香織
  「五郎丸ポーズ」の生みの親であるメンタルコーチの初著作。強い心を作る技術を伝授する
  840円 720-1 A

- SNS時代の文章術 — 野地秩嘉
  「文章力ほんとにゼロ」からプロの物書きになった筆者だから書けた「21世紀の文章読本」
  840円 721-1 C

表示価格はすべて本体価格（税別）です。本体価格は変更することがあります

講談社+α新書

ゆがんだ正義感で他人を支配しようとする人　梅谷　薫
SNSから隣近所まで、思い込みの正しさで周囲を操ろうと攻撃してくる人の心理と対処法!!
840円 722-1 A

男が働かない、いいじゃないか！　田中俊之
注目の「男性学」第一人者の人気大学教員から若手ビジネスマンへ数々の心安まるアドバイス
840円 723-1 A

爆買い中国人は、なぜうっとうしいのか？　陽　陽
「大声で話す」「謝らない」「食べ散らかす」……日本人が眉を顰める中国人気質を解明する！
840円 724-1 C

キリンビール高知支店の奇跡　勝利の法則は現場で拾え！　田村　潤
アサヒスーパードライに勝つ！　元営業本部長が実践した逆転を可能にする営業の極意
780円 725-1 C

LINEで子どもがバカになる　「日本語」大崩壊　矢野耕平
感情表現は「スタンプ」任せ。「予測変換」で文章も自動作成。現役塾講師が見た驚きの実態！
840円 726-1 A

新しいニッポンの業界地図　**みんなが知らない超優良企業**　田宮寛之
日本の当たり前が世界の需要を生む。将来有望な約250社を一覧。ビジネスに就活に必読！
840円 728-1 C

運が99%戦略は1%　インド人の超発想法　山田真美
世界的CEOを輩出する名門大で教える著者が迫る、国民性から印僑までインドパワーの秘密
860円 729-1 C

全国13万人　ポーラレディ　年商1000億円　**頂点のマネジメント力**　本庄　清
絶好調のポーラを支える女性パワー！　その源泉となる「人を前向きに動かす」秘密を明かす
780円 730-1 C

人生の金メダリスト　成功するルーティーンには2つのタイプがある　になる「準備力」　清水宏保
プレッシャーと緊張を伴走者にして潜在能力を100%発揮！　2種類のルーティーンを解説
840円 731-1 C

「ハラ・ハラ社員」が会社を潰す　野崎大輔
ミスを叱ったらパワハラ、飲み会に誘ったらアルハラ。会社をどんどん窮屈にする社員の実態
840円 732-1 A

偽りの保守・安倍晋三の正体　岸井成格　佐高　信
保守本流の政治記者と市民派論客が、「本物の保守」の姿を語り、安倍政治の虚妄と弱さを衝く
800円 733-1 C

表示価格はすべて本体価格（税別）です。本体価格は変更することがあります

講談社+α新書

一回3秒 これだけ体操 腰痛は「動かして」治しなさい　松平浩
『NHKスペシャル』で大反響！ 介護職員をコルセットから解放した腰痛治療の新常識！
780円 734-1 B

遺品は語る 遺品整理業者が教える「独居老人600万人」「無縁死3万人」時代に必ずやっておくべきこと　赤澤健一
多死社会はここまで来ていた！ 誰もが一人で死ぬ時代に、「いま為すべきこと」をプロが教示
800円 735-1 C

ドナルド・トランプ、大いに語る　セス・ミルスタイン 編　講談社 編訳
アメリカを再び偉大に！ 怪物か、傑物か、全米が熱狂・失笑・激怒したトランプの〝迷〟言集
840円 736-1 C

ルポ ニッポン絶望工場　出井康博
外国人の奴隷労働が支える便利な生活。知られざる崩壊寸前の現場、犯罪集団化の実態に迫る
840円 737-1 C

18歳の君へ贈る言葉　柳沢幸雄
名門・開成学園の校長先生が生徒たちに話していること。才能を伸ばす36の知恵。親子で必読！
800円 738-1 C

本物のビジネス英語力　久保マサヒデ
ロンドンのビジネス最前線で成功した英語の秘訣を伝授！ この本でもう英語は怖くなくなる
780円 739-1 C

選ばれ続ける必然 誰でもできる「ブランディング」のはじめ方　佐藤圭一
商品に魅力があるだけではダメ。プロが教える選ばれ続け、ファンに愛される会社の作り方
840円 740-1 C

歯はみがいてはいけない　森昭
今すぐやめないと歯が抜け、口腔細菌で全身病になる。カネで歪んだ日本の歯科常識を告発!!
840円 741-1 B

一日一日、強くなる 伊調馨の「壁を乗り越える」言葉　伊調馨
オリンピック4連覇へ！ 常に進化し続ける伊調馨の孤高の言葉たち。志を抱くすべての人に
800円 742-1 C

50歳からの出直し大作戦　出口治明
会社の辞めどき、家族の説得、資金の手当て。著者が取材した50歳から花開いた人の成功理由
840円 743-1 C

財務省と大新聞が隠す本当は世界一の日本経済　上念司
財務省のHPに載る七〇〇兆円の政府資産は、誰の物なのか!? それを隠すセコ過ぎる理由は
880円 744-1 C

表示価格はすべて本体価格（税別）です。本体価格は変更することがあります